STARK IM ÜBERGANG!

Kooperation von Kita und Grundschule neu denken

Von der Praxisidee zum eigenen Konzept

Verlag an der Ruhr

Titel: **Stark im Übergang! Kooperation von Kita und Grundschule neu denken**
Von der Praxisidee zum eigenen Konzept

Autorin: Anna Neef

Umschlagmotive und Abbildungen im Innenteil:
Foto: © Pixel-Shot – Shutterstock.com,
Bürstenstrich: © ozzichka – Shutterstock.com,
Runde Textbanner: © Amovitania – Shutterstock.com,
Icon Stift: © Tierney – stock.adobe.com

Lektorat: Juliane Baumann, Berlin

Satz und Layout: ebene N, Krefeld

Druck: Heenemann GmbH & Co. KG, Berlin, DE

Verlag an der Ruhr
Mülheim an der Ruhr
www.verlagruhr.de

Geeignet für Erzieher*innen, Kita-Leitungen und pädagogische Fachkräfte

ISBN 978-3-8346-6513-3

INHALTSVERZEICHNIS

Vorwort

Der Übergang von der Kita in die Grundschule ist ein prägendes und unvergessliches Ereignis. Selbst wir als Erwachsene können uns an unsere Einschulung erinnern. Auch die damit verbundenen Emotionen sind uns – bewusst oder unterbewusst – häufig noch bekannt. Der Riesenschritt, die Schule kennenzulernen und auch zu meistern, ist nicht einfach und sehr herausfordernd für alle beteiligten Seiten.

Mit dem Übergang tut sich eine neue Welt auf, für die Kinder, aber auch für ihre Familien. Sie erleben eine erhebliche Veränderung, wichtige Strukturen ihres Alltages und ihres Familienlebens verändern sich – aus Kita-Kindern werden Schulkinder und aus Kita-Kinder-Eltern werden Schulkinder-Eltern. Die Eltern müssen sich, entsprechend ihrer neuen Rolle, definieren und sich in ihr wiederfinden. Erziehungsberechtigte eines Schulkindes zu sein, ist anders. Sie müssen neue Rahmenbedingungen bewältigen und die Alltagsstrukturen in der Familie an die veränderten Zeiten und Bedürfnisse, die der Schuleintritt mit sich bringt, anpassen. Häufig geht auch eine berufliche Veränderung mit der Schuleingangsphase einher. Hinzu kommt, dass im letzten Kita-Jahr bei den Kindern ein Feuerwerk der Gefühle, der Entwicklung, der äußeren und inneren Verwandlung und der damit verbundenen notwendigen Begleitung stattfindet. Diese Umstände können positiven, aber auch negativen Stress auslösen.

Jede*r[1] erlebt den Übergang individuell. Die Lebenserfahrungen und die Begleitung spielen dabei eine bedeutende Rolle. Positive Lebenserfahrungen und gute Wegbegleiter*innen machen den Übergang leichter. Wer einen Übergang erfolgreich gemeistert hat, wird stärker und selbstbewusster. Wer einen Übergang allein ohne Wegbegleiter*innen und mit negativen Lebenserfahrungen erlebt, hat wenig Chancen, Stärke und Selbstbewusstsein zu entwickeln – als Kind ist das nahezu unmöglich. Daher ist es mir persönlich ein sehr wichtiges Anliegen, Sie als Wegbegleiter*innen für Kinder und ihre Familien in der Übergangszeit von der Kita zur Grundschule zu gewinnen. Ohne Ihre wertvolle Arbeit in der Kita hätten viele Kinder und Familien kaum Chancen, die Übergangszeit erfolgreich zu meistern. Aufmerksame und motivierende Übergangsbegleiter*innen machen Kinder und Familien stark. Nur in einer unterstützenden Gemeinschaft können sich die Kinder im Übergang gut entwickeln. Übergang bedeutet, gemeinsam auf dem Weg zu sein. Stark im Übergang zu sein, bedeutet, stark in der Gemeinschaft zu sein.

---

[1] Der Verlag an der Ruhr legt großen Wert auf eine geschlechtergerechte und inklusive Sprache. Daher nutzen wir neutrale Formulierungen oder das Gendersternchen, um alle Menschen, unabhängig von Geschlecht oder Geschlechtsidentität, einzuschließen.

ÜBER DIESES BUCH

Im ersten Teil des Buches erläutere ich zunächst die theoretischen Grundlagen. Im Kapitel **„Der Übergang von der Kita zur Grundschule"** bekommen Sie einen Einblick, was es braucht, um ein Schulkind zu werden. Hier werden alle Seiten, die am Übergang beteiligt sind, näher betrachtet. Darüber hinaus werden positive Erfahrungen und Erfolge im Übergang sowie weitere Kooperationsmöglichkeiten aufgezeigt.

Darauf folgt im zweiten Kapitel **„Kooperationsarbeit im Übergang neu denken"** die praktische Hinführung, wie Sie aktiv die Kooperationsarbeit in der Kita gestalten. Hierbei werden Chancen und Risiken im Teamflow in den Fokus genommen sowie Vorschläge für neue Wege in der Kooperationsarbeit gemacht. Auf die Partizipation aller aktiv Beteiligten – Kinder, Eltern und Fachkräften – wird am Kapitelende ein besonderes Augenmerk gelegt.

Im dritten Teil wird es noch konkreter. Hier finden Sie im Kapitel **„Schritt für Schritt zum eigenen Kooperationskonzept"** eine Anleitung, wie Sie in vier Schritten zu Ihrem individuellen Programm für die Kooperationsarbeit kommen.

Im Kapitel **„Praxisideen für die Kooperation im Übergang"** finden Sie fünf Bausteine mit Beispielen für die praktische Umsetzung.

Das letzte Kapitel **„Reflexion und Learnings aus der Kooperationsarbeit im Übergang"** zeigt auf, wie Sie Gelingendes im Team sehen, aussprechen und weiterentwickeln können. Sie finden hier Vorlagen für die Auswertung der Kooperationsarbeit im Kita-Team, für den Austausch mit den Grundschulen sowie für das Einholen von Kinder- und Elternmeinungen.

Abschließend gebe ich Ihnen Literatur- und Medienhinweise, mit denen Sie für sich selbst und im Team das Thema weiter vertiefen können.

In den Kapiteln finden Sie neben erklärenden **Abbildungen** zu einzelnen Themen auch übersichtliche **Hinweiskästen**, die grundsätzliche Informationen und Tipps zur Verfügung stellen. Folgende Kastentypen gibt es:

Im Praxisteil stelle ich Ihnen **Kopiervorlagen** bereit, die auch zum **Download** zur Verfügung stehen. Dieses weiterführende Material ist im Buch mit einem Pfeil-Symbol gekennzeichnet.

Alle im Download enthaltenen Dateien können Sie unter folgendem **Link** oder über das Einscannen des **QR-Codes** herunterladen[2]:

Passwort:
Neef_Stark_Download

Link:
cloud.verlagruhr.de/lerninhalt/MbA1IixpIL8U/

QR-Code:

Bitte beachten Sie, dass der angegebene Link und der QR-Code ihre Gültigkeit verlieren können. Sollten Sie Schwierigkeiten beim Zugriff auf die Dateien haben, wenden Sie sich bitte an: digitales@verlagruhr.de

Ich wünsche Ihnen nun VIEL FREUDE *beim Lesen dieses Buches und* EIN STARKES ÜBERGANGSJAHR *!*

Anna Neef

[2] QR Code is registered trademark of DENSO WAVE INCORPORATED.

1

DER ÜBERGANG VON DER KITA ZUR GRUNDSCHULE

WAS BRAUCHT ES, UM EIN SCHULKIND ZU WERDEN?

Wer sich mit dem Thema „Übergang von der Kita zur Grundschule" beschäftigt und dabei Kinder und deren Familien begleitet, muss sich zunächst ein Bild davon machen, welche Erwartungen an das Kind gestellt werden.

Es gibt formale Voraussetzungen, die ein Kind in Deutschland bei Schuleintritt erfüllen muss. Die erste formale Voraussetzung ist das Alter des Kindes. Im Schulgesetz der Länder ist festgelegt, wann ein Kind schulpflichtig ist. Schulpflichtig sind alle Kinder, die bis zum Einschulungsstichtag ihres Landes das 6. Lebensjahr vollendet haben. Diese Kinder werden teilweise auch als „Muss-Kinder" bezeichnet, vorausgesetzt, dass das Kind schulbereit ist. Die jeweiligen Stichtage der Bundesländer können Sie der Homepage des Deutschen Bildungsservers entnehmen.

www.bildungsserver.de

Zu den Stichtagsregelungen gibt es weitere Regularien der Länder, wie z. B. die „Kann-Kinder"-Regelung. Diese Regelung ist jedoch von Bundesland zu Bundesland unterschiedlich. „Kann-Kinder" sind Kinder, die ihren 6. Geburtstag nach dem festgelegten Stichtag feiern und trotzdem als „schulbereit" eingeschätzt werden. In diesem Fall können die Eltern mit der Kita und der Grundschule ins Gespräch gehen und einen Antrag auf vorzeitige Einschulung stellen. Der Prozess der Antragstellung und die aktuellen Regelungen Ihres Bundeslandes können Sie direkt der Homepage der Kultusministerien der jeweiligen Länder entnehmen.

So wie es Kinder gibt, die vorzeitig eingeschult werden, gibt es auch Kinder, bei denen es einen Grund für eine Zurückstellung gibt. Auch hier gibt es in den Bundesländern unterschiedliche Auflagen und Regelungen. Eine Zurückstellung kann dann eintreten, wenn ein Kind geistig und/oder körperlich nicht als schulbereit eingeschätzt werden kann. In diesem Fall können die Eltern mit der Kita und Grundschule in die Beratung gehen, welche Vorgehensweisen im jeweiligen Bundesland möglich sind. Eine weitere Variante der Zurückstellung stellen Kinder mit sonderpädagogischem Förderbedarf dar.

Grundlagen für die Einschätzung der Schulbereitschaft

- Verwaltungsvorschriften des Kultusministeriums
- Entwicklungsstand und Gesundheitszustand des Kindes

- fundierte Auskunft und Informationen über den Entwicklungsstand des Kindes: Dokumentation, Beobachtungen der pädagogischen Fachkräfte, Kooperationslehrkräfte, Eltern, kinderärztliches Fachpersonal, Gesundheitsämter
- Beratungsgespräche für Eltern mit pädagogischen Fachkräften oder Kooperationslehrkräften
- Unterstützung der Eltern bei einer Entscheidung oder bei Förderbedarf

Es ist offensichtlich, dass Kinder viele unterschiedliche Lern- und Entwicklungsprozesse im Übergang von der Kita in die Grundschule durchlaufen. Die Lern- und Entwicklungsprozesse der Kinder sind jedoch sehr individuell und differenziert, daher ist die Beobachtung und Dokumentation der Entwicklung unerlässlich. Anhand der Beobachtungen kann eine zielgerichtete Begleitung des Kindes und auch der Eltern stattfinden. Eine grundlegende Aufgabe der Eltern, der pädagogischen Fachkräfte der Kita und der Lehrkräfte der Grundschule ist es, den richtigen Zeitpunkt der Einschulung zu finden.

Die Schulbereitschaft eines Kindes zeigt sich in der Gesamtpersönlichkeit am deutlichsten.

Reflexionsfragen zur Schulbereitschaft des Kindes

- Hat das Kind die **feinmotorische Voraussetzung** für die Stifthaltung?
- Wie ist die Entwicklung der **Körpermotorik**? Kann das Kind auf einem Bein hüpfen und einen Ball fangen?
- Kann das Kind seinen **Körper wahrnehmen** und Körperteile benennen?
- Hat sich das Kind **Sachkompetenzen über Natur, Konstruktion, Zahlen, Mengen, Mediennutzung und Musik** angeeignet?
- Wie ist die **kognitive Entwicklung**? Kann das Kind Aufgabenstellungen erfassen und ausführen? Kann sich das Kind auf eine Aufgabe konzentrieren?
- Ist das Kind im Bereich der **Selbstständigkeit** altersgemäß entwickelt? Kann es sich allein anziehen?
- Welche **Sprachkompetenzen** bringt das Kind mit? Kann das Kind Satzbaustrukturen und komplexere Sätze mit sechs bis acht Wörtern anwenden?
- Welche **Sozialkompetenzen** bringt das Kind mit? Kann das Kind in der Gruppe angemessen interagieren? Hat das Kind eine beste Freundin oder einen besten Freund?
- Kann das Kind seine **emotionalen Kompetenzen** zeigen? Kann das Kind sich in andere hineinversetzen oder andere trösten?
- Zeigt das Kind **Neugierde, Motivation und Bereitschaft zum Lernen**?

Die drei wichtigsten Bildungsorte der Förderung der Schulbereitschaft und ihre Möglichkeiten sind:

1. **Elternhaus:** Begleitung und Förderung durch die Eltern, Ermöglichung von Zugängen zu Bildung, Bewegung, Sozialkontakten und Naturerfahrungen, Vorbildfunktion

2. **Kita:** Begleitung und Förderung der Entwicklung durch pädagogische Fachkräfte, anregende Bildungsräume einrichten, Bildungs- und Materialangebote, Exkursionen, Erziehungspartnerschaft, Kooperationsarbeit mit Grundschulen, Beobachtungen und Dokumentationen, Förderbedarf erkennen und kommunizieren, Vorbildfunktion

3. **Grundschule:** Kooperationsarbeit mit Kitas, Kooperationsbesuche, Kennenlernen der Kinder, Institution Schule vertraut machen, Förderbedarf erkennen, individuelle Elternarbeit, Interesse der Kinder auf Schule erwecken

Die folgende *Abbildung* zeigt Ihnen, welche Faktoren die Schulbereitschaft fördern und welche Maßnahmen umgesetzt werden können:

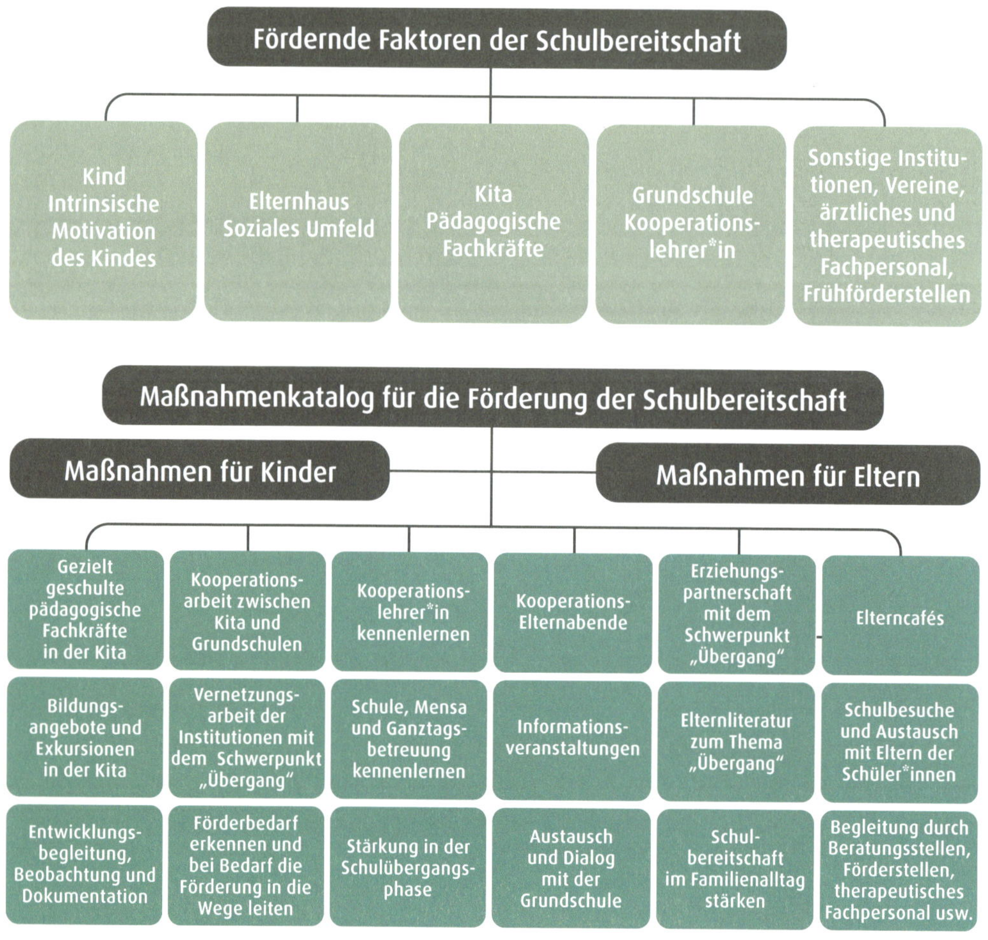

IST-ZUSTAND DER KOOPERATION ZWISCHEN KITA UND GRUNDSCHULE

In den letzten Jahren wurde die Kooperationsarbeit zwischen Kitas und Grundschulen durch die Pandemie deutlich erschwert. Auch die Situation mit geflüchteten Familien hat die Anforderungen der Gemeinden und Institutionen verändert. Die Aufgabenbereiche und die Verantwortung der pädagogischen Fach- und Lehrkräfte sind entsprechend deutlich gewachsen. Auch die Herausforderung, mit dem Fachkräftemangel umzugehen, schlägt sich im Alltag nieder.

Gerade diese Rahmenbedingungen zeigen, wie wichtig es geworden ist, die Kinder und Familien in der Übergangsphase im Fokus zu behalten. Vielerorts konnten die Kooperationsmaßnahmen aufgrund der aktuellen Rahmenbedingungen nur verkürzt stattfinden. Planungsrunden der Kooperationsgremien mussten teilweise darunter leiden, dass Präsenzveranstaltungen nicht möglich waren. Das Kita-Personal war auch immer wieder gefordert, die Tagesstrukturen konstant zu halten, während die Lehrkräfte der Schulen mit ihren Klassen viel aufholen mussten.

Aktuell können die Kooperationsmaßnahmen daher noch nicht überall vollständig wie vor der Pandemie wieder aufgenommen werden. Kitas und Grundschulen arbeiten jedoch kontinuierlich daran, Schritt für Schritt auf ihre Standards mit den aktuellen Rahmenbedingungen aufzubauen, denn die Zeit und aufwandintensive Aktivitäten lassen sich aktuell nur erschwert umsetzen.

Die Rahmenbedingungen fordern Anpassungen und Vereinfachungen. Die Anpassung der Standards wird, langfristig gesehen, eine Erleichterung der Kooperationsarbeit ermöglichen. Daher ist es unaufhaltsam, die Kooperationsarbeit neu zu denken, neue Ressourcen zu entdecken und gemeinsam Ideen zu entwickeln, damit die Kooperation leichter umgesetzt werden kann.

Häufige Standards im Übergangsjahr in Kitas

- altershomogene Gruppenbildung für die angehenden Schulkinder
- wöchentliche pädagogische Aktivitäten mit Fokus auf Schulbereitschaft
- Projekte und Exkursionen
- Abschlussausflüge
- Abschlussfeste
- Kooperationstreffen mit Lehrkräften der Grundschule
- Besuche der Kooperationslehrkraft

- Schulbesuch/Unterrichtsbesuch
- Begegnungen mit Schulkindern auf Veranstaltungen
- Tag der offenen Tür der Schulen und Ganztagsbetreuung
- gemeinsamer Elternabend Kita/Grundschule
- Entwicklungsgespräche
- Abschlussgespräch
- Schultüten basteln
- Elterngespräche mit der Kooperationslehrkraft
- Elterninformationsveranstaltungen
- Ganztagsbetreuung kennenlernen

WER IST AM ÜBERGANG BETEILIGT?

Alle Bildungsorte eines Kindes sind Agierende in der Übergangsphase. Der wichtigste und prägendste Bildungsort ist die familiäre Umgebung des Kindes. Die Gestaltung der Übergangsphase in der Kindergruppe findet in der Kita und Grundschule statt. Die Grundsteine der Kooperationsarbeit sind die Leitbilder der Träger und die gesetzlichen Vorgaben des jeweiligen Bundeslandes. Es gibt viele Beteiligte, die die Übergänge mitgestalten und dennoch nicht direkt in der Kooperationsarbeit mit der Kita und Grundschule verankert sind.

Es gibt darüber hinaus viele beratende und pädagogische Institutionen, die bei Bedarf im Übergangsprozess hinzugezogen werden. Auch durch die Vernetzung der Kitas können weitere gewinnbringende in der Übergangsphase aktiv Handelnde entdeckt werden.

Die nebenstehende *Abbildung* zeigt Ihnen die aktiv an der Kooperationsarbeit Beteiligten.

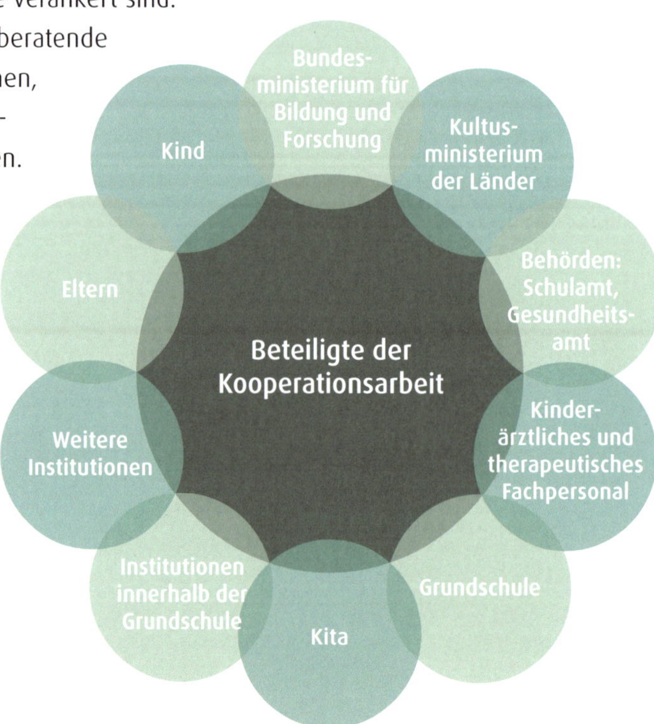

Beteiligte und Beteiligungsformen der Kooperationsarbeit

- **Einzuschulendes Kind:** Teilhabe und Teilnahme an der Kooperation, Partizipation
- **Eltern:** Erziehung, Teilnahme an Kooperationsveranstaltungen, Agierende der Schulbereitschaft im Alltag des Kindes
- **Kita:** Bildungsdokumentation, pädagogische Begleitung und Bildungsangebote für angehende Schulkinder, Kooperationsarbeit mit der Grundschule, Kooperationsarbeit mit Institutionen
- **Grundschule:** Kooperationslehrkraft benennen, Kooperationsarbeit mit der Kita, Elternarbeit bei Bedarf, Einschulung
- **Institutionen innerhalb der Schule (Ganztags- und Kernzeitbetreuung, Essensraum, Schulsozialarbeit):** Kennenlernaktionen, Informationsveranstaltungen
- **Bundesministerium für Bildung und Forschung:** gesetzliche Vorgaben, Forschung, Projekte, politische Ziele, Förderziele
- **Kultusministerium der Länder:** Bildungsleitlinien und -pläne, Verwaltungsvorschriften, Einschulungsstichtage und Regelungen, Landesschulgesetze, Förderprojekte
- **Behörden:** Schulamt, Gesundheitsamt, Schuleingangsuntersuchung, Umsetzung der Schulanmeldung
- **Kinderärztliches und therapeutisches Fachpersonal:** U9-Untersuchung, therapeutische Maßnahmen, Diagnosen
- **Weitere Institutionen:** Museen, Fachschulen, Kunst- und Musikschulen, Frühförderstellen, Vereine, Bibliotheken, Polizei, Familienberatungsstellen, Jugendämter

Erwartungen der Kinder

Die Kinder können sehr unterschiedliche und differenzierte Erwartungen mitbringen. Häufig spielt es eine Rolle, ob ein Kind zu Hause Geschwister hat, die schon früher in die Schule kommen. Diese Kinder kennen bereits die Themen der Schulkinder und haben dementsprechend positive oder negative Eindrücke vom Schulalltag gewonnen. Manche haben Freunde oder Freundinnen, die schon in der Schule sind, und können sich über das Thema mit einem Schulkind austauschen. Es gibt jedoch auch Kinder, die noch keine direkte Erfahrung mit der Institution Schule und Schulkindern mitbringen.

Folgende *Fragen* können sich *Übergangskinder* stellen:

Wie ist es in der Schule?

Werde ich dort Freund*innen haben?

Gibt es Spiele in der Schule?

Gibt es viele Hausaufgaben?

Wer wird mein*e Lehrer*in sein?

Darf man in der Schule Unsinn machen?

Welche Regeln gibt es in der Schule?

Erwartungen der Eltern

Genauso wie die Kinder bringen auch Eltern unterschiedliche Erwartungen mit. Diese hängen stark damit zusammen, welche Erfahrungen sie selbst in der Schule gemacht haben und ob sie bereits ein Schulkind begleitet haben. Eltern können auch beruflich aus dem pädagogischen Bereich kommen oder sich Wissen aneignen, Veranstaltungen besuchen oder befreundete Personen an ihrer Seite haben, die sie unterstützen.

Folgende *Fragen* können sich *Eltern von Übergangskindern* stellen:

Erwartungen des Kita-Teams

Auch im Kita-Team finden sich unterschiedliche Erwartungen. Hier spielen Faktoren wie Erfahrung mit der Übergangszeit, Qualifikationen, Fortbildungen, persönliche Kenntnisse, Zeit- und Personalressourcen eine Rolle.

Folgende *Fragen* können sich *pädagogische Fachkräfte von Übergangskindern* stellen:

- Welche Kinder benötigen besondere Förderung?
- Wie gelingt uns eine gute Kooperationsarbeit mit der Schule?
- Wie bauen wir die Kooperation mit anderen Institutionen auf?
- Sind unsere Kinder gut vorbereitet?
- Wie gehe ich mit dem Abschied um?
- Wie gestalten wir die Übergangszeit personell, zeitlich und ressourcenorientiert?
- Wie gestalten wir die Erziehungspartnerschaft mit den Eltern in der Übergangszeit?

Erwartungen der Schule

Die Lehrkräfte haben die große Aufgabe, die Kinder in der Zeit des Ankommens und in der Phase der Gruppenfindung in die Strukturen des Schulalltags zu integrieren. Sie bringen unterschiedliche Erfahrungen in ihrer Profession, aber auch aus dem Privatleben mit. In der Kooperationsarbeit liegt das Augenmerk darauf, sich vertraut zu machen.

Folgende *Fragen* können sich *Lehrkräfte von Übergangskindern* stellen:

- Wie gelingt uns eine gute Kooperationsarbeit mit den Kitas?
- Wie viele Kitas und Kinder nehmen an der Kooperation teil?
- Gibt es Kinder, die nicht eingeschult werden können?
- Wie bauen wir die Kooperation mit anderen Institutionen auf?
- Welche Informationen benötigen die Eltern?
- Wie teilen wir die Klassen sinnvoll auf?
- Wie sind die Kinder vorbereitet?
- Wer ist veantwortlich für die Kooperation in den Kitas?

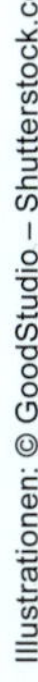

POSITIVE ERFAHRUNGEN UND SICHTBARE ERFOLGE IM ÜBERGANG

Alle Menschen erleben biografische Übergänge und jeder Übergang bringt Veränderungen mit sich. Diese Veränderungen sind in der Regel auch mit einem Abschied verbunden und gleichzeitig stellen sie eine neue Herausforderung dar.

Die Eltern erleben den ersten Übergang mit Kindern in der Phase von der Schwangerschaft bis zur Geburt.

Die Kita-Kinder erleben in der Regel bereits in der Eingewöhnung einen Übergang. Sie lernen eine neue Umgebung kennen, machen sich mit neuen Bezugspersonen und Kindern vertraut. Sie lernen in der Eingewöhnungsphase auch, morgens Abschied von den Eltern zu nehmen.

Diese Übergänge werden von Kindern, Eltern und pädagogischen Fachkräften sehr individuell wahrgenommen, erlebt und bewältigt. Sie werden in der Fachliteratur auch als Transition bezeichnet.

Definition Transition

„Transitionen sind Lebensereignisse, die Bewältigung von Diskontinuitäten auf mehreren Ebenen erfordern, Prozesse beschleunigen, intensiviertes Lernen anregen und als bedeutsame biografische Erfahrungen von Wandel in der Identitätsentwicklung wahrgenommen werden."

(Griebel & Niesel 2020, S. 37–38)

Das Transitionsmodell des Staatsinstituts für Frühpädagogik München (IFP) beschreibt drei grundlegende Ebenen der Übergangsbewältigung (vgl. Griebel & Niesel 2020, S. 37):

1. **Ebene des Individuums – *Kind*:**
   Auf dieser Ebene entwickeln die Kinder in der Übergangszeit ein neues Selbstbild und versuchen, sich an ihre Rolle anzupassen. Sie fühlen sich plötzlich groß. Sie setzen sich mit neuen Emotionen auseinander. Sie entwickeln Gefühle wie Neugierde, Angst, Freude, Verunsicherungen, aber auch Stolz. In der Familie zu Hause werden die Kinder mit Sätzen vorbereitet wie: „Bald wirst du ein Schulkind." Das macht die Kinder in der Zeit sehr stolz.

2. **Ebene der Beziehungen – *Familie, pädagogische Fachkräfte, Kindergruppe und Freundschaften*:**
   Auch die Beziehungen zu Bezugspersonen und befreundeten Kindern in der Kita verändern sich in der Übergangsphase stetig. Die Kinder entwickeln in der Zeit feste Freundschaften und befassen sich mit dem Thema „Schulklasse". Sie wissen, dass der Abschied von ihren Bezugserzieher*innen naht und sie bald eine*n Lehrer*in haben werden.

3. **Ebene der Lebensumwelten – *Kita, Familie, Schule, Kinderzimmer, Spielzeug*:**
   Auch die räumlichen und materiellen Gegebenheiten verändern sich in der Übergangszeit von der Kita in die Grundschule. Statt Kita-Rucksack trägt man Schulranzen. Die Tagesstrukturen werden ebenfalls umgestellt. Statt Morgenkreis und Freispiel kommen Schulstunden und Pausen. Auch im Elternhaus werden neue Tagesstrukturen eingeführt. Morgens eventuell früher aufstehen und nach der Schule noch die Hausaufgaben erledigen. Sowohl im Kinderzimmer als in der Kita verändern sich auch Spielmaterialien. Es tauchen eventuell Instrumente oder andere spannende Gegenstände oder neue Sportmöglichkeiten auf.

Ein Übergang lädt die Kinder zum Entdecken ein. Sie spüren immer mehr Möglichkeiten, sich selbst zu entfalten, und es kommen mehr Freiräume, aber auch mehr Verantwortung auf sie zu.

Die Übergangsphase bietet viele Chancen für die Entwicklung der Kinder, denn sie haben in dieser Zeit eine ausgeprägte intrinsische Motivation, „groß" und selbstständig zu werden. Alle positiven Erfahrungen auf den drei Ebenen der Übergangsbewältigung ermöglichen einen sichtbaren Erfolg in der Übergangszeit von der Kita in die Grundschule.

Nutzen Sie als pädagogische Fachkräfte diese Chancen und schaffen Sie gemeinsam Rahmenbedingungen, in welchen sich die Kinder entwickeln und wachsen können.

WIR MACHEN UNS AUF DEN WEG! – MEHR KOOPERATION IM ÜBERGANG

Der Weg ist das Ziel! Der Weg von der Kita in die Grundschule! Wie kann es uns gelingen, den richtigen Weg zur Kooperation zu finden? Was benötigen wir für diesen Weg?

Frühkindliche Forschungsprojekte und auch die Erfahrungen vor Ort in den Kitas und den Grundschulen zeigen, dass die Übergangszeit von der Kita in die Grundschule ein wichtiger Lebensbaustein für die Zukunft der Kinder darstellt.

Die pädagogischen Fachkräfte spielen dabei eine sehr zentrale Rolle. Sie benötigen jedoch auf diesem Weg auch Unterstützung, beispielsweise in folgenden wichtigen Bereichen: persönliche Kompetenzen, Zeitressourcen, bildende Räume, Bildungsmaterialien, Kooperationsgrundlagen, Konzept, Qualitätsstandards, Erziehungspartnerschaft mit Eltern und individuelle Entwicklung der Kinder.

Doch wie kann man sich am besten orientieren? Wer hat welche Rolle? Die drei Ebenen der Übergangsbewältigung des IFP-Transitionsmodells bieten eine sichere und messbare Orientierung auf dem Weg in eine erfolgreiche Kooperationsarbeit. Daran anknüpfend, können Sie sich folgende Fragen stellen:

Reflexionsfragen für die Kooperationsarbeit

Auf der Ebene des Individuums:

- Was braucht das Kind für seine Persönlichkeitsentwicklung?
- Welche Gefühle bewältigt das Kind?
- Welche Erlebnisse stärken das Kind?
- Welche Erfahrungen nehmen die Unsicherheiten des Kindes?
- Hat das Kind Raum und Möglichkeit für seine Emotionen?
- Wie kann sich das Kind mit seinen Themen auseinandersetzen?
- Wie können Ängste überwunden werden?

Auf der Ebene der Beziehungen:

- Was braucht das Kind für seine Beziehungen?
- Wie kann das Kind in seiner Familie gestärkt werden?
- Welche Aktivitäten stärken Kinder in Freundschaften?
- Welche Vorbilder und Bindungspersonen können die Beziehungen stärken?
- Hat das Kind Raum für Beziehungen?
- Wie kann das Kind sich in die Gruppe integrieren?
- Wie können Kinder neue Bindungspersonen kennenlernen?

Auf der Ebene der Lebenswelten:

- Welche Lebenswelten hat das Kind?
- Welche Lebenswelten können hilfreich sein?
- Welche Strukturen werden sich verändern?
- Welche Räumlichkeiten und Materialien werden neu sein?
- Welche Regeln werden sich verändern?
- Was braucht das Kind für seine neue Lebenswelt?
- Wie kann man sich auf die neue Lebenswelt vorbereiten?

Mein Impulsköfferchen für den Übergang

Der Übergang von der Kita in die Grundschule wird von Kindern und Eltern auf der subjektiven Ebene sehr unterschiedlich erlebt. Pädagogische Fachkräfte dagegen erleben den Übergang auf ihrer professionellen Ebene. Sie haben den Auftrag, institutionenspezifische Bildungs- und Entwicklungsprozesse zu gestalten. In den Institutionen ist die Übergangsbegleitung eine jährlich wiederkehrende Aufgabe und ein routinierter Vorgang. Pädagogische Fachkräfte sind damit gut vertraut und haben Fachkenntnisse. Kinder und Eltern erleben dagegen den Übergang von der Kita in die Grundschule intensiv und meistens ganz neu (vgl. Griebel & Niesel 2020, S. 119–120).

Damit Ihrem Kita-Team eine gute Begleitung der Übergangsphase gelingen kann, ist es wichtig, sich die Perspektive der Kinder und Eltern bewusst zu machen. Steigen Sie deshalb in das Thema mit dem **„Transitions-Impulsköfferchen"** ein!

So geht es:

- Laden Sie Ihr Team auf die Reise des Übergangs von der Kita in die Grundschule ein.
- Kopieren Sie für alle Teammitglieder beide Seiten der Vorlagen für das *„Transitions-Impulsköfferchen"* (S. 22–23).
- Verteilen Sie die Kopien, damit jedes Teammitglied sein eigenes Köfferchen für die Übergangsreise „packen" kann.
- Jedes Teammitglied, inklusive Kita-Leitung, füllt das Transitions-Impulsköfferchen in Einzelarbeit aus.
- Werten Sie die „gefüllten" Köfferchen gemeinsam im Team aus und gewinnen Sie daraus wertvolle Anhaltspunkte für Ihre Kooperationsarbeit.

Wie genau die Auswertung der Transitions-Impulsköfferchen erfolgen kann, erfahren Sie in Kapitel 2 (ab S. 25).

Transitions-Impulsköfferchen – Impulsfragen

Perspektive als Kind:

1. Welche Gefühle hatte ich vor meiner Einschulung?
2. Was hat mir als Kind besonders gut gefallen?
3. Wo habe ich Unterstützung gebraucht?
4. Wer hat mich in der Übergangszeit unterstützt?
5. Worauf war ich in der 1. Klasse stolz?

Perspektive als erwachsene Person:

6. Wie habe ich Übergangssituationen erlebt?
7. Was war in den Übergängen hilfreich?
8. Wie konnte ich Hilfe annehmen? War es leicht? Oder eher schwer?
9. Welche Personen haben mich in Übergängen begleitet?
10. Welche Erfolgsgefühle waren nach den Übergängen entstanden?

Perspektive als Übergangsbegleitende*r:

11. Habe ich bereits eine Person privat oder beruflich in Übergangssituationen unterstützt?
12. Wie ging es mir als Begleiter*in? Waren Unterschiede zu merken zwischen privat oder beruflich?
13. Was hat mir Freude gemacht in der Begleitung?
14. Welche Erfolge konnte ich als Begleiter*in erreichen?
15. Was habe ich als Begleiter*in gelernt?

Meine Quintessenz:

Was wünsche ich Kindern in der Übergangszeit?

Was wünsche ich Eltern in der Übergangszeit?

Was wünsche ich mir als pädagogische Fachkraft in der Übergangszeit?

TRANSITIONS-IMPULSKÖFFERCHEN – ANTWORTEN

Perspektive als Kind:

1. ....
2. ....
3. ....
4. ....
5. ....

Perspektive als erwachsene Person:

6. ....
7. ....
8. ....
9. ....
10. ....

Perspektive als Übergangsbegleitende*r:

11. ....
12. ....
13. ....
14. ....
15. ....

Meine Quintessenz:

Was wünsche ich Kindern in der Übergangszeit?

....

Was wünsche ich Eltern in der Übergangszeit?

....

Was wünsche ich mir als pädagogische Fachkraft in der Übergangszeit?

....

AUF DEN PUNKT GEBRACHT

Wesentliches für den Übergang

Das braucht es, um ein Schulkind zu werden:

- gesetzliche Vorgaben und Bestimmungen
- Schulbereitschaft des Kindes

Faktoren, die gezielt die Schulbereitschaft fördern:

- intrinsische Motivation des Kindes, Elternhaus und soziales Umfeld
- Kita/pädagogische Fachkräfte und Grundschule/Kooperationslehrkräfte
- sonstige Institutionen, z. B. Vereine, ärztliche und therapeutische Fachstellen, Frühförderstellen

Maßnahmen, die förderlich für die Schulbereitschaft des Kindes sind:

- gezielt geschultes Personal in Kitas
- Bildungseinheiten und -exkursionen in der Kita
- Entwicklungsbegleitung, -beobachtung und Förderung
- Kooperationsarbeit zwischen Kita und Grundschule
- Vernetzungsarbeit der Kita und Grundschule mit Institutionen
- Kooperationslehrer*in und Kooperationseinheiten in der Grundschule
- Schule, Essensraum und Schülerbetreuung kennenlernen
- Stärkung in der Schulübergangsphase

Maßnahmen, die in der Übergangszeit für Eltern sinnvoll sind:

- Kooperationselternabende, Infoveranstaltungen, Elterncafés
- Austausch und Dialog mit der Grundschule
- Erziehungspartnerschaft in der Kita mit Schwerpunkt „Übergang"
- Elternliteratur zum Thema „Übergang"
- Schulbereitschaft zu Hause stärken
- Schulbesuch und Austausch mit Schulkindeltern
- bei Bedarf: Begleitung durch Beratungsstellen, Frühförderstellen oder therapeutische Fachstellen

Ebenen, die es in der Übergangsbewältigung gibt:

- Ebene des Individuums: Kind
- Ebene der Beziehungen: Familie, pädagogische Fachkräfte, Kindergruppe, Freundschaften
- Ebene der Lebenswelten: Zuhause, Kinderzimmer, Kita, Grundschule

2

Kooperationsarbeit im Übergang neu denken

EINSTIEG IN DIE AKTIVE GESTALTUNG DER KOOPERATIONSARBEIT

Bevor es in die Kooperationsarbeit zwischen Grundschule und Kita geht, ist es wichtig, dass Ihr Team die eigenen Grundsteine festlegt. Gerade aufgrund der personellen Rahmenbedingungen ist es unerlässlich, dass alle Teammitglieder sich mit dem Thema befassen und Bewusstsein für die Übergangszeit entwickeln. Die Schulbereitschaft eines Kindes hängt sehr stark damit zusammen, wie die Zeit des Übergangs von allen Agierenden begleitet wird. Auch für die Festlegung der Standards ist es wichtig, dass alle daran beteiligt sind. Nur dann kann eine gute Kooperationsarbeit umgesetzt werden. Die geteilte Verantwortungsübernahme kann auch in Hinblick auf möglichen Personalausfall ein Vorteil sein, denn somit kann gewährleistet werden, dass eine Person die Vertretungsaufgabe ohne Weiteres übernehmen kann.

Macht sich ein Team auf den Weg zur Kooperationsarbeit, muss auch berücksichtigt werden, welcher konzeptionelle Rahmen und welche festgelegten Qualitätsstandards vorliegen. Diese fordern eventuell individuelle Anpassungen in der Arbeit. Es ist empfehlenswert, einen Ordner (digitale Datei oder in Papierform) zum Thema „Übergang" in den Institutionen anzulegen, damit sämtliche Informationen, Dokumentationen und Protokolle gebündelt allen Teammitgliedern zur Verfügung stehen.

Gemeinsam Verantwortung für den Übergang tragen

Ihr Team und Sie haben sich bereits auf die Reise zur Übergangsbegleitung mit den *„Transitions-Impulsköfferchen"* (S. 22–23) gemacht. Sie sind darauf vorbereitet, die gemeinsame Verantwortung im Team zu entwickeln – doch wie kann Ihnen dieser Schritt gut gelingen?

Mit den Transitions-Impulsköfferchen gelingt es Ihnen, alle Teammitglieder abzuholen und an dem Prozess zu beteiligen. Alle Erkenntnisse und Erfahrungen sind wertvoll und bedeutend für die Entwicklung der Grundsteine der Kooperationsarbeit. Nun kann es in die aktive Teamarbeit übergehen. Ihre Teammitglieder haben die Transitions-Impulsköfferchen einzeln mit ihren Erfahrungen gefüllt. Damit ist die erste Sitzung zur Übergangsbegleitung vorbereitet. Laden Sie Ihr Team in die Einstiegsphase „Stark im Übergang" ein und machen Sie sich an die Auswertung der Impulsköfferchen.

So gelingt die Auswertung mit Ihrem Team

Vorbereitung:
Alle bringen ihre *„Transitions-Impulsköfferchen“* (S. 22–23) ausgefüllt mit. Bereiten Sie Plakate/Flipchart-Bögen mit folgenden Überschriften vor: **1.** „Perspektive als Kind“, **2.** „Perspektive als erwachsene Person“, **3.** „Perspektive als Übergangsbegleiter*in“, **4.** „Was wünschen wir Kindern in der Übergangszeit?“, **5.** „Was wünschen wir Eltern in der Übergangszeit?“, **6.** „Was wünschen wir uns als pädagogische Fachkräfte in der Übergangszeit?“, **7.** „Quintessenzen des Kita-Teams“.

Ablauf der Teamsitzung:
Nehmen Sie jeden Punkt einzeln zum Gesprächsanlass und tragen Sie die Ergebnisse auf den vorbereiteten Plakaten/Flipchart-Bögen zusammen. Achten Sie dabei darauf, dass alle Teammitglieder die Möglichkeit haben, sich auszutauschen. Planen Sie pro Themenblock ca. 10–15 Minuten Zeit ein. Für das Thema „Quintessenzen des Kita-Teams“ planen Sie bitte mehr Zeit ein, denn es hat eine hohe Bedeutung für die Kooperationsarbeit.

Nachbereitung der Sitzung:
Fotografieren Sie alle Ergebnisse und halten Sie diese in einem Ordner (digitale Datei oder in Papierform) fest.

Das schulbereite Kind im Fokus

Kinder entwickeln sich in den ersten fünf bis sechs Lebensjahren in einem unterschiedlichen Tempo. Im letzten Kita-Jahr rückt der Fokus auf die Schulbereitschaft des Kindes und auf die „altersgerechte“ Entwicklung. Kinder werden mit wachsenden Erwartungen der „Erwachsenenwelt“ konfrontiert. Auf einer Seite sind sie erfreut und motiviert, ein Schulkind zu werden, auf der anderen Seite erfahren sie, dass sie sich viele Fertigkeiten bis zum Schuleintritt aneignen müssen. Eltern, Großeltern, Geschwisterkinder, Freunde oder Freundinnen geben oft sehr unterschiedliche Eindrücke über die Schule an die Kinder weiter. Teilweise verspüren Eltern im Übergangsjahr einen gesellschaftlichen Druck und versuchen, ihre Kinder ganz individuell auf die Schule vorzubereiten. Jedes Kind bringt eine eigene Motivation und Fähigkeit im letzten Kita-Jahr mit. Doch wie können alle mit ihrer subjektiven Lebenssituation gleichermaßen gut im Übergang begleitet werden? Wie schätzen sich die Kinder selbst ein? Äußern sie schon den Wunsch, in die Schule zu kommen, oder sind sie noch unsicher? Solche Unsicherheiten können sich bei einer guten Übergangsbegleitung auflösen und sehr wahrscheinlich in Vorfreude verwandeln.

Es gibt konkrete Fragestellungen, die uns dabei helfen, die Schulbereitschaft eines Kindes einzuschätzen und zu fördern. Die *„Blume der Schulbereitschaft"* (S. 29) veranschaulicht Ihnen, welche bestimmten Entwicklungsbereiche für die Förderung der Schulbereitschaft bedeutend sind. Sie können sie begleitend zu den Entwicklungsbögen Ihrer Einrichtung verwenden. Wenn Sie hier ankreuzen, welche Bereiche zutreffen, können Sie erkennen, wo Sie und auch die Eltern noch pädagogische Impulse setzen sollten.

So können Sie die „Blume der Schulbereitschaft" als Instrument einsetzen

Kopieren Sie die Vorlage *„Blume der Schulbereitschaft"* (S. 29) für jedes Kind einmal, für das Sie einschätzen möchten, ob es schulbereit ist. Reflektieren Sie jeden Entwicklungsbereich des Kindes. Jeder Bereich ist als Blütenblatt dargestellt. Wenn Sie die Einschätzung haben, dass das Kind in dem Entwicklungsbereich altersgemäß entwickelt ist, dann setzen Sie ein Kreuz in das jeweilige Kästchen. Die gekennzeichneten Blütenblätter zeigen Ihnen anschließend die Stärken des Kindes an. Die Bereiche der Blütenblätter, die Sie nicht gekennzeichnet haben, können noch mit Bildungsimpulsen gestärkt werden.

Um Ihnen das Ausfüllen zu erleichtern, finden Sie folgend in einer Checkliste Beispielfragen (S. 30–31) zur Reflexion der Schulbereitschaft des Kindes. Darüber hinaus erhalten Sie im Kapitel 5 die Abbildung auch in einer Ausführung für die Selbstreflexion der Kinder (S. 121). Diese können Sie auch als Grundlage für ein Elterngespräch nehmen. Empfehlenswert ist es dabei, zu reflektieren, welche Ressourcen die Familien auch zu Hause gut stärken können.

Die Fragen in der Checkliste (S. 30–31) sind einzelne Beispiele und sollen nicht defizitorientiert als Kontrollinstrument eingesetzt werden, denn ein solches Vorgehen kann enormen Druck auf allen Ebenen erzeugen und Ängste auslösen. Bedenken Sie immer, dass sich jedes Kind sehr individuell und unterschiedlich entwickelt. Nutzen Sie deshalb die Beispielfragen entsprechend vielmehr zur Erkennung der Stärken und Bildungschancen des Kindes. Sollte ein Bereich bei einem Kind weniger ausgeprägt sein, so können Sie daraus erkennen, dass das Kind in dem Bereich Bildungsimpulse für seine Entwicklung benötigt. Betrachten Sie diese Methode als gewinnbringendes Instrument und stärken Sie in dem jeweiligen Bereich die Ressourcen des Kindes. Lassen Sie auch die Eltern wissen, welche Stärken ihre Kinder haben und welche Impulse sie noch benötigen.

BLUME DER SCHULBEREITSCHAFT – VORLAGE

Mein Name: ....

Bereit für die Schule?

Beispielfragen zur Setzung von Bildungsimpulsen

Emotionale Kompetenzen:

- ✔ Kann das Kind Gefühle regulieren?
- ✔ Fühlt sich das Kind emotional bereit für die Schule?
- ✔ Kann das Kind die Gefühle seines Gegenübers erkennen oder deuten?

Soziale Kompetenzen:

- ✔ Hat das Kind Spielfreunde oder Spielfreundinnen?
- ✔ Kann sich das Kind an Spielregeln halten?
- ✔ Kann das Kind Hilfsbereitschaft zeigen?

Feinmotorische Kompetenzen:

- ✔ Kann das Kind den Stift im Pinzettengriff halten?
- ✔ Kann das Kind mit einer Schere umgehen?
- ✔ Kann das Kind Seiten von Büchern und Heften gut umblättern?

Grobmotorische Kompetenzen:

- ✔ Wie ist die körperliche Verfassung des Kindes?
- ✔ Kann das Kind das Gleichgewicht halten und einbeinig stehen und hüpfen?
- ✔ Kann das Kind einen Ball fangen?

Sprachkompetenzen:

- ✔ Kann das Kind über sich erzählen und Situationen sprachlich wiedergeben?
- ✔ Beherrscht das Kind die Bildung von Sätzen mit sechs bis acht Wörtern?

Kognitive Entwicklung:

- ✔ Kann das Kind den eigenen Namen erkennen und schreiben?
- ✔ Kann das Kind erkennbar zeichnen? Z. B. ein Haus, einen Baum, einen Menschen, ein Fahrzeug?
- ✔ Kann das Kind mit Konstruktionsmaterial konstruieren?
- ✔ Kann sich das Kind beim Spielen konzentrieren?

Fähigkeit, Strukturen zu erfassen:

- ✔ Kann das Kind Tagesabläufe erfassen und sich daran anpassen?

Selbstständigkeit:

- ✔ Kann das Kind seine Bekleidung allein anziehen?
- ✔ Kennt das Kind die Wege in die Kita oder die Schule?

Selbstbewusstsein:

- ✔ Traut sich das Kind zu, kurze Wege (z. B. zu den Nachbar*innen) zu bewältigen?
- ✔ Kann das Kind in Konflikten auch eigenständig agieren?

Eigener Wunsch des Kindes:

- ✔ Ist das Kind motiviert, in die Schule zu kommen?

Chancen erkennen leicht gemacht

Wenn Sie einige Beispielfragen mit „Nein“ beantwortet haben, dann können Sie genau die Bereiche erkennen, in denen das Kind noch mehr Ressourcen hat und Bildungsimpulse benötigt. Zögern Sie nicht bei der Antwort „Nein“! Stärken Sie in diesem Bereich die Fähigkeiten des Kindes. Sprechen Sie mit den Eltern darüber und holen Sie diese mit ins Boot. Damit können Sie die Kinder stark im Übergang begleiten!

Beispiel:

Ein Kind bringt in fast allen Bereichen Stärken mit. Nur in den Bereichen Selbstbewusstsein und Selbstständigkeit fehlen noch Ressourcen. Somit können Sie erkennen, welche pädagogischen Impulse und Angebote ein Kind noch benötigt. Auch für die Eltern ist es ein wichtiger Hinweis, zu wissen, dass sie ihr Kind in diesen zwei Bereichen im Übergangsjahr noch stärken können.

In der Kita können kleine Aufgaben im Morgenkreis oder im Alltag dabei helfen, die Fähigkeiten des Kindes in dem noch zu fördernden Bildungsbereich zu stärken. Genauso können die Eltern zu Hause beispielsweise mit dem Kind üben, dass es sich allein anziehen oder den Tisch decken kann.

TEAMFLOW IN DER ÜBERGANGSBEGLEITUNG – CHANCEN UND RISIKEN

Sie haben im Team bereits die Transitions-Impulsköfferchen ausgewertet und die Ressourcen des Kindes unter die Lupe genommen. Nach diesem Einstieg in das Thema „Starke Übergangsbegleitung werden" sind damit weitere Planungsrunden und Arbeitsschritte eingeleitet. Diese sollten Innovation und zukunftweisende Bausteine in Ihre Konzeption bringen.

Neue Herausforderungen, Veränderungen, Diskussionen und auch Stresssituationen können von Ihrem Team jedoch als belastend empfunden werden. Dies muss aber nicht sein. Alle Faktoren, die erst negativ klingen, können zu Motivation und Erfolg des Teams führen! Doch wie kann es gelingen, einen positiven Teamflow zu halten?

Grundhaltungstipps für Teammitglieder

Übergänge begleiten bedeutet:

- Chancen erkennen und nutzen, Impulse setzen, gemeinsame Ziele verfolgen und gemeinsam Verantwortung tragen.
- Partizipation der Kinder, Eltern, Teammitglieder, Lehrkräfte im Fokus behalten.
- Rollenbewusstsein entwickeln und Rollen reflektieren.
- Veränderungen und Fehlern freundlich begegnen.
- wertschätzend und lösungsorientiert arbeiten.
- miteinander tolerierend und akzeptierend umgehen.
- gute Kommunikationswege pflegen und Transparenz schaffen.

Machen Sie sich im Team bewusst, welche bedeutende und prägende Zeit im Übergang begleitet wird. Ihrer Person kommt eine wichtige Rolle in diesem Prozess zu, denn Sie können die Bildungschancen der Kinder mit Ihrer Übergangsbegleitung erhöhen und sie damit stark für die Zukunft machen.

Auf die Erfolge können sowohl Sie als Team als auch die Kinder und die Familien stolz zurückblicken.

Chancen und Risiken der Übergangsbegleitung

Chancen:

- Kinder und Familien in der Übergangszeit stärken
- Bildungschancen verbessern
- Weiterentwicklung der pädagogischen Konzeption der Kita
- Zusammenarbeit mit der Grundschule stärken
- Vernetzungsmöglichkeiten der Kita
- Qualität der Bildung verbessern
- Erziehungspartnerschaft stärken
- berufliche Weiterentwicklung und Qualifizierung
- persönliche Bereicherung
- neue Lösungswege finden
- Erfolge erzielen
- neue Bildungsmaterialien entwickeln/erhalten
- innovative Ideen umsetzen
- neue Räume entdecken

Risiken:

- personelle Belastung
- hohen Erwartungen der Eltern nicht gerecht werden
- herausfordernde Kinder personell nicht ausreichend begleiten können
- fehlende Zeitressourcen
- zu hoher Organisationsaufwand
- zu viel Druck für Kinder, Eltern und pädagogische Fachkräfte
- zu hohe bzw. nicht kalkulierbare Kostenfaktoren
- Dokumentationsaufwand
- zu große zeitliche Belastung
- Kommunikationsstörungen
- Fehler
- Konflikte
- räumliche Engpässe

Bevor Sie die Risiken unter die Lupe nehmen, ist es wichtig, sich bewusst zu machen, dass Entwicklungsprozesse auch Störungen oder Fehler mit sich bringen. Diese sind jedoch nicht negativ. Im Gegenteil! Seien Sie sicher, dass jeder Fehler auch eine Chance der Verbesserung mit sich bringt. Ohne Fehler geht es kaum. Ein altes Sprichwort besagt, dass man aus Fehlern klug wird. Arbeiten Sie fehlerfreundlich und nutzen Sie Fehler für Lernprozesse und Weiterentwicklung.

Die folgende *Abbildung* verdeutlicht Ihnen den *Prozessverlauf der Fehlerfreundlichkeit*.

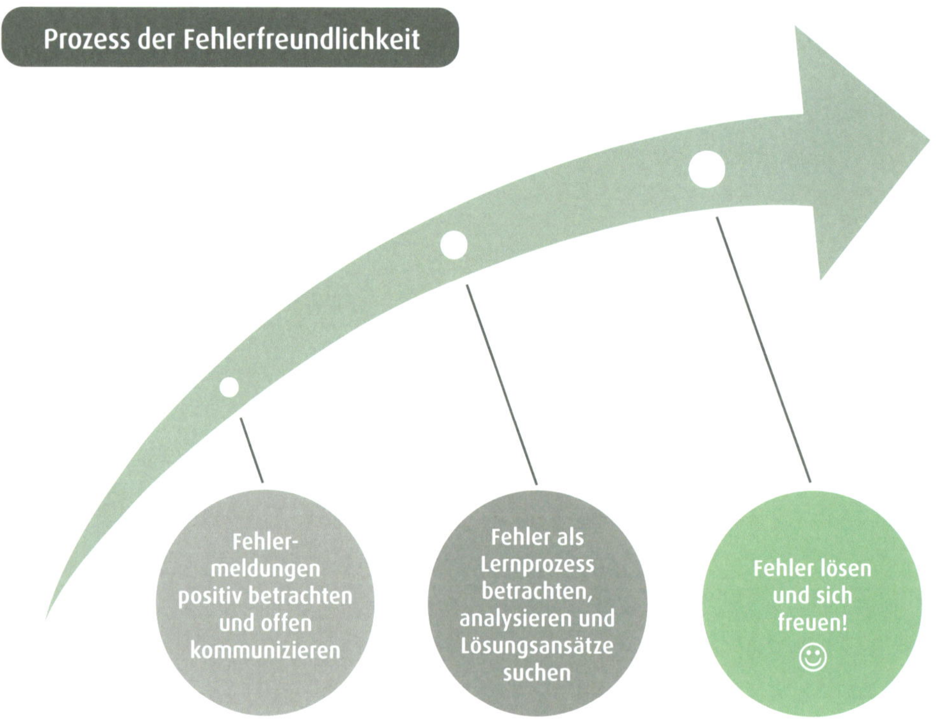

NEUE WEGE DER KOOPERATIONSARBEIT GEHEN – RISIKEN IN CHANCEN UMWANDELN

Neue Wege einzuschlagen sowie einen Prozess wie die Kooperationsarbeit in der Übergangszeit umzusetzen, kann auch Risiken mit sich bringen. Die Rahmenbedingungen in den Institutionen können unterschiedliche Herausforderungen darstellen.

Oft ist es schwierig, im stressigen Alltag einen kühlen Kopf zu bewahren und dabei die Belastungssituationen auch noch gut zu bewältigen. Auch das Team kann schnell auf ungünstige Rahmenbedingungen negativ reagieren. So kann sich unter Umständen eine angespannte Arbeitsatmosphäre in der Kita entwickeln.

Die Teammitglieder haben ein breites Spektrum an Aufgaben, die täglich bewältigt werden müssen. Dabei ist es manchmal schwer, den Überblick zu behalten. Hier sind Führungskräfte immer wieder gefordert, das Team weiterhin gut zu motivieren und zielorientiert anzuleiten. Um Ihr Team gut begleiten und motivieren zu können, benötigen Sie eine Strategie. In der folgenden Checkliste können Sie Ideen dafür finden.

Wie aus Risiken Chancen werden können

Personelle Belastungen wie Personalausfall:

- Informieren Sie alle Teammitglieder über die Kooperation, damit jedes Teammitglied in die Vertretungssituation gehen kann.
- Klären Sie die Vertretungssituationen im Vorfeld.
- Laden Sie bei externen Exkursionen eventuell andere Institutionen in die eigenen Räume ein.

Kommunikationsstörungen, fehlende Kommunikationswege zwischen Teammitgliedern, Eltern und Institutionen:

- Legen Sie einen Ordner für die Kooperation in der Übergangszeit für das Gesamtteam an und machen Sie diesen zugänglich.
- Legen Sie die Zuständigkeiten fest und dokumentieren Sie sie auch gut sichtbar.
- Legen Sie eine Elterninfowand für die Übergangseltern an.
- Erfragen Sie die Ansprechpartner*innen und Erreichbarkeiten in den verschiedenen Institutionen im Vorfeld und dokumentieren Sie sie im Übergangs-Ordner für alle zugänglich.
- Geben Sie eventuell feste Sprechzeiten an.

Zu hoher Organisationsaufwand:

- Prüfen Sie vorhandene Ressourcen im Vorfeld im Gesamtteam und bei den Kooperationspartner*innen. Suchen Sie gemeinsam nach Alternativlösungen.
- Planen Sie lieber kleinere Schritte ein, die später auch noch ausgebaut oder erweitert werden können.
- Gehen Sie die Situationsanalyse durch und setzen Sie sie ein.
- Entwickeln Sie neue Kooperationsideen.

Zu viel Stress und Zeitdruck:

- Prüfen Sie die Jahresplanung der Kita im Vorfeld.
- Planen Sie nur realisierbare Ziele und Angebote ein.
- Betrachten Sie Fehler als Lernprozess und suchen Sie unkompliziert nach Lösungsideen.
- Lokalisieren Sie Stressoren und Zeitfresser im Team und versuchen Sie, diese zu beseitigen.

Zu viel Input und Druck für die Kinder:

- Lassen Sie den Kindern viel Raum, sich weiterzuentwickeln, auch im Freispiel.
- Führen Sie Kinderkonferenzen und Kinderinterviews durch und passen Sie die Angebote nach Bedarf der Kinder an.

Fehlendes Knowhow der pädagogischen Fachkräfte:

- Planen Sie gezielte Fortbildungen für Ihr Team ein.

Zu hohe Erwartungen der Eltern:

- Schaffen Sie Transparenz.
- Bieten Sie niederschwellige gemeinsame Angebote für die Eltern an.

Zu hoher Dokumentationsaufwand:

- Lassen Sie die Kinder bei der Dokumentation der pädagogischen Arbeit mitwirken.
- Verwenden Sie interaktive Medien, wie Tablets, die eine direkte Dokumentation im Geschehen gemeinsam mit den Kindern ermöglichen.
- Erarbeitete Teamplakate können fotografisch dokumentiert und digital abgelegt werden.

Zu hohe Kosten und fehlende Materialien:

- Bilden Sie Tauschbörsen mit anderen Kitas.
- Nutzen Sie die Angebote von öffentlichen Bibliotheken.
- Fragen Sie eventuell Familien, vielleicht hat eine Person auch die Materialien, die Sie benötigen.
- Planen Sie im Vorfeld einen Etat für den Übergang ein.
- Suchen Sie Sponsor*innen.

PARTIZIPATION IN DER KOOPERATIONSARBEIT

Die klassische Kooperationsarbeit findet zwischen den Institutionen Kita und Grundschule statt. Die grundlegende Planung und die Zielsetzung der Kooperation werden von den pädagogischen Fachkräften der Kita und den Lehrkräften der Grundschule gemeinsam durchgeführt. Hierfür werden Kooperationsgrundlagen aus den Institutionen festgelegt. Die Institutionen haben jeweils einen konzeptionellen Rahmen und eine eigene Auffassung und Beteiligungsformen der Kooperationsarbeit. Dabei ist es wichtig, die Partizipation institutionsübergreifend zu leben. Pädagogische Fachkräfte und Lehrkräfte benötigen auch gemeinsame Partizipationsgrundlagen. Die Kinder und deren Eltern bringen im Übergang eine andere Beteiligungsform mit. Sie erleben den Übergang direkt und intensiv und bringen wichtige Bedürfnisse und Schwerpunkte mit ein. Deshalb ist es wichtig, die Stimmen der Kinder und Eltern auch mit in die Kooperation einzubetten.

Kinder als aktiv Beteiligte in der Kooperationsarbeit verstehen

Um stark im Übergang zu sein, werden viele Anforderungen an das Kind, aber auch an die pädagogischen Fachkräfte gestellt. Die individuellen Bedürfnisse und die Entwicklung der Kinder sind unerlässliche Grundlagen für die pädagogische Arbeit. Damit diese Grundsteine in die Kooperationsarbeit eingegliedert werden können, müssen Wege für die Partizipation geschaffen werden. Partizipation wird gern im Alltag auch „Schlüssel zur Bildung" genannt.

Formen der Partizipation, die in der Kita umgesetzt werden können

1. **Offene Form der Beteiligung:**
   Diese kann beispielsweise in einem Morgenkreis, einem Erzählkreis oder in einer Kinderkonferenz stattfinden. Die pädagogische Fachkraft oder ein Kind stellen das Thema vor. Jedes Kind bekommt die Möglichkeit, eigene Ideen, Vorschläge oder Meinungen zum Thema zu äußern und aktiv mitzuwirken. Auch Stimmabgaben sind bei Bedarf möglich.

2. **Projektbezogene Beteiligung:**
   Gemeinsame Aktionen und Projekte werden durch eine pädagogische Fachkraft moderiert. Die Kinder haben die Möglichkeit, mitzugestalten und mitzubestimmen, wie die Aktivitäten genau umgesetzt werden sollen.

3. Beteiligung im Alltag:
Auch im Alltag können die Kinder in ihren Gruppen bei bestimmten Themen mitentscheiden bzw. abstimmen. So können beispielsweise Tagesabläufe, Raumgestaltung, Anschaffungen, Mittagessen, Themen für Morgenkreise usw. von den Kindern mitbestimmt werden.

Reflexion zur Partizipation der Kinder

Vorüberlegungen:

- Welche Themen zur Partizipation stehen an?
- Wann soll die Partizipation stattfinden?
- Wie sollen die Themen vorgestellt und visualisiert werden?
- Wer kann die Themen vorstellen?
- Welche Abstimmung soll stattfinden? Geheim oder offen?
- Welche Abstimmungsarten und Methoden liegen bereits vor?
- Müssen noch Methoden vorgestellt werden?
- Wie werden die Ergebnisse bekannt gegeben?
- Wie geht man mit dem Sachverhalt und danach mit der Entscheidung um?
- Wie kommuniziert man es nach außen?

Vorteile der Partizipation der Kinder:

- Grundsteine für eine demokratische Haltung werden gelegt
- Förderung der Sozialkompetenzen
- Förderung der Selbstwirksamkeit, der Selbstständigkeit und des Selbstwertes
- bedürfnis- und zielorientierte Ausrichtung der pädagogischen Arbeit
- Steigerung der intrinsischen Motivation der Kinder
- Gruppendynamik und Gemeinschaft stärken
- Förderung der Sprachkompetenzen und Sachkompetenzen
- Entwicklungsbegleitung der Kinder wird dadurch intensiver
- Erziehungspartnerschaft wird dadurch gestärkt

Damit die Partizipation der Kinder gut gelingen kann, müssen die Kinder am Anfang des Übergangsjahres mit dem Thema „Ich werde ein Schulkind" vertraut gemacht werden. Ihre intrinsische Motivation gilt es anzusprechen und, wenn nötig, zu wecken. Auch müssen sich die Übergangskinder zuerst als Gruppe finden und wahrnehmen. Hierfür erhalten Sie konkrete Umsetzungsmöglichkeiten im Kapitel 4 (ab S. 67).

Elternstimmen in die Kooperationsarbeit einbetten

Eltern spielen eine ausgesprochen wichtige Rolle in der Übergangsbegleitung der Kinder. Sie sehen unmittelbar, welche Bedürfnisse ihre Kinder haben und welche Ressourcen sie für die Übergänge mitbringen. Auch fällt ihnen häufig am ehesten auf, ob sie eventuell Unterstützung von Dritten benötigen. Sie sind in der Übergangsphase gefordert und tragen eine große Verantwortung. Daher ist es unerlässlich, die Stimmen der Eltern in die Kooperationsarbeit einzubeziehen.

Die Zusammenarbeit mit den Eltern ist dementsprechend eine wichtige Grundlage für die Kooperationsarbeit in der Kita. Gerade im letzten Kita-Jahr wird die Erziehungspartnerschaft zwischen Eltern und pädagogischen Fachkräften der Kita enger und fordert mehr Austausch und Begleitung. Die Themen der Eltern können entweder individuell oder allgemein institutionell sein.

Individuelle Themen sind Themen, die die Entwicklung des eigenen Kindes oder die persönliche Unterstützung der Eltern betreffen. Allgemeine institutionelle Fragen können Abläufe, Strukturen oder konkrete Informationen rund um die Themen „Schulbereitschaft“, „Übergang“, „Abschied“, „Einschulung“ etc. sein.

Es ist wichtig, zu unterscheiden, welche Themen mit in die Kooperationsarbeit eingebettet und welche Themen im Rahmen der Erziehungspartnerschaft ausschließlich in der Kita aufgegriffen werden können. Betreffen die Themen der Eltern mehrere oder alle Eltern, können Sie diese Anliegen in Ihre Kooperationsarbeit aufnehmen.

Möglichkeiten, Elternstimmen in die Kooperationsarbeit aufzunehmen

1. **Sammlung der Übergangsthemen aus Elterngespräch oder Entwicklungsgespräch:**
   Übergangsthemen der Eltern aus den Gesprächen, die alle oder einen Teil der Eltern betreffen, werden dokumentiert und vorab im Team reflektiert. Die Themen werden entweder in der Einrichtung oder in der Kooperationsarbeit aufgegriffen.

2. **Elternumfragen:**
   Die Eltern können in Papierform oder digital mithilfe einer Umfrage ihre Themen und Ideen einbringen.

3. **Elternabende/Elternveranstaltungen/Elterncafés für die Zielgruppe:**
   Sie sollten den Eltern in Veranstaltungen Raum geben, damit sie ihre Meinung einbringen und Sie sie mitnehmen können. Hierzu können Plakate, Reflexionsrunden, Fragerunden genutzt werden.

4. **Tür-und-Angel-Gespräche mit den Eltern im Alltag:**
   Hier können ganz spontan aus dem Gespräch wichtige Themen herausgefiltert werden.

5. **Zusammenarbeit mit dem Elternbeirat/Elternvertreter*innen:**
   In der Zusammenarbeit mit den Elternvertreter*innen können auch viele wertvolle Themen oder Wünsche in Erfahrung gebracht werden. Diese treffen sich mit den anderen Eltern und ihren Kindern häufig auch außerhalb der Kita, z. B. auf Spielplätzen, und tauschen sich dort untereinander leichter aus als in der Kita während der Bring- und Abholzeiten. Die besprochenen Themen können sie im Gespräch mit Ihnen weitergeben. Darin steckt viel Potenzial, wichtige Informationen direkt von den Eltern zu erhalten!

Im Kapitel 4 (ab S. 67) werden Sie auch konkrete Umsetzungsideen für die Partizipation der Eltern finden.

AUF DEN PUNKT GEBRACHT

Kooperationsarbeit neu denken

Einstieg in die aktive Gestaltung der Kooperationsarbeit:

- ✔ Festlegung eigener gemeinsamer Grundsteine für die Kooperation
- ✔ Beteiligung aller Teammitglieder und Anlage eines Übergangsordners, der allen zugänglich ist
- ✔ Prüfung und Berücksichtigung konzeptioneller Rahmen- und Qualitätsstandards der Einrichtung

Gemeinsam Verantwortung für den Übergang tragen:

- ✔ Sammlung persönlicher Erfahrungen mit Übergängen und Übergangsbegleitungen der Teammitglieder mithilfe der *„Transitions-Impulsköfferchen"* (S. 22–23)
- ✔ Organisation einer Teamsitzung für die Auswertung
- ✔ Festlegung von Quintessenzen des Teams für die Übergangsbegleitung
- ✔ Dokumentation der Ergebnisse

Das schulbereite Kind im Fokus:

- ✔ unterschiedliches Tempo bei der Entwicklung der Kinder in den ersten sechs Lebensjahren
- ✔ Kinder stehen teils unter hohen Erwartungen und müssen sich mit Anforderungen auseinandersetzen
- ✔ Kinder bringen individuelle Voraussetzungen aus Herkunftsfamilien mit
- ✔ Kinder brauchen Bildungsimpulse in allen Entwicklungsbereichen, um schulbereit zu werden
- ✔ Chancen auf Bildung der Kinder erhöhen
- ✔ bestehende Ressourcen erkennen und aufbauen

Teamflow in der Übergangsbegleitung – Chancen und Risiken:

- ✔ Übergänge bringen Veränderungen und Herausforderungen mit sich
- ✔ Ziel, Veränderungen und Herausforderungen in Innovation und zukunftweisende Pädagogik umzuwandeln
- ✔ Risiken können dabei in Chancen umgewandelt werden

Partizipation in der Kooperationsarbeit:

- ✔ Grundlage der Kooperationsarbeit ist Partizipation der Beteiligten
- ✔ Betrachtung der Partizipation als Schlüssel zur Bildung

Kinder als aktiv Beteiligte in der Kooperationsarbeit verstehen:

- ✔ Formen der Partizipation in Arbeit mit Kindern:
  1. offene Form der Beteiligung
  2. projektbezogene Beteiligung
  3. Alltagsbeteiligung

Elternstimmen in die Kooperationsarbeit einbetten:

- ✔ Elternstimmen bilden wichtige Grundlage für die Kooperation
- ✔ Möglichkeiten, Eltern in der Kooperation zu beteiligen:
  1. Elterngespräche führen
  2. Elternumfragen durchführen
  3. themenbezogene Elternabende organisieren
  4. Kurzgespräche halten
  5. Zusammenarbeit mit den Elternvertreter*innen nutzen

3

SCHRITT FÜR SCHRITT ZUM EIGENEN KOOPERATIONSKONZEPT

ZUM EIGENEN KOOPERATIONSKONZEPT IN VIER SCHRITTEN

In diesem Kapitel stelle ich Ihnen zentrale Umsetzungsschritte der Kooperationsarbeit vor. Diese Schritte ermöglichen Ihnen, die Abläufe für Ihre Einrichtung individuell zu entwickeln oder zu optimieren. Veränderungen der Abläufe können im Team auf Widerstand stoßen. Es können dabei Äußerungen kommen wie: „Unsere Kooperationsarbeit ist doch o.k. Es muss nichts geändert werden. Wir haben sowieso zu wenig Zeit."

Im Folgenden wird aufgezeigt, wie es Ihnen gelingen kann, die Ressourcen zu erkennen und, wo es notwendig ist, Anpassungen vorzunehmen. Lassen Sie Ihr Team nicht nur auf die Kooperation, die Sie bislang praktiziert haben, beharren. Laden Sie es lieber zur Reflexion und Offenheit ein. Installieren Sie eine innovative Vorgehensweise, die sich direkt an der Praxis und den Rahmenbedingungen orientiert. Jede Idee und jede Meinung der Teammitglieder sind wichtig. Nur dann können Sie praxisorientiert Ihre Kooperationsschritte planen.

Belohnt werden Sie und Ihr Team mit Sicherheit auf allen Ebenen: Die Bildungschance der Kinder wird dadurch erhöht, die Erziehungspartnerschaft wird gestärkt, Ihre Einrichtung wird besser vernetzt, die pädagogischen Fachkräfte können neue Fachkenntnisse gewinnen und Ihre pädagogische Arbeit wird mit der Grundschule enger verzahnt. Sie erzielen sichtbare und messbare Erfolge. Auch auf der Ebene der Kommunikation können Erfolge erzielt werden.

Die vier folgenden Schritte sind so konzipiert, dass sie nur nacheinander in der Reihenfolge umgesetzt werden sollten. Lassen Sie sich nach den Schritten ausreichend Zeit, damit die Themen noch besser durchdacht werden können. Die Prozesse benötigen Zeit und Geduld, was sich im Nachgang als hilfreich erweisen wird. Beschließen Sie gemeinsam im Team, wann Sie für den nächsten Schritt bereit sind. Sie können im Nachgang immer wieder auf Ihre Situationsanalyse zurückgreifen, um Anpassungen vorzunehmen oder die Ressourcen Ihrer Einrichtung zu überprüfen.

Schritt 1: Situationsanalyse

Die Kooperationsbausteine können nur auf die Grundsteine Ihrer Einrichtung gebaut werden. Diese können Sie mit einer Ermittlung des Ist-Zustandes bestimmen. Der erste Schritt in der Kooperationsarbeit beginnt deshalb mit der Situationsanalyse. Sie ermöglicht Ihnen und Ihrem Team, sich einen Überblick über die Ressourcen Ihrer Einrichtung zu schaffen und die Rahmenbedingungen der Kooperationsarbeit festzulegen. Gleichzeitig können Sie schon für die Zukunft neue Impulsmöglichkeiten erkennen und vormerken. Die Situationsanalyse ermöglicht Ihnen eine Orientierung im Vorfeld.

Situationsanalyse

Themenblöcke, die inhaltlich behandelt werden:

I. Analyse der Einrichtung
II. Reflexion und Weiterentwicklung des pädagogischen Handlungsfeldes
III. Anzahl der Kinder im Übergang
IV. Prüfung der Zeitressourcen für die Kooperation
V. Gestaltung der Erziehungspartnerschaft im Übergang
VI. Personalentwicklung im Bereich der Übergangsbegleitung
VII. Partizipation der am Übergang beteiligten Personen

Die *„Situationsanalyse"* in Tabellenform (S. 47–48) hilft Ihnen, sich einen Überblick über Ihre Einrichtung zu verschaffen. Im Anschluss finden Sie zu den einzelnen Themenblöcken Impulsfragen (S. 49). Die Antworten auf diese können Sie in die Situationsanalysetabelle eintragen. Beleuchten Sie immer den Ist-Stand. Welche Möglichkeiten oder Ideen können daraus für die Kooperation entstehen?

Führen Sie die Situationsanalyse vorab im Leitungsteam durch. Laden Sie Ihr Team danach ein, die Analyse gemeinsam zu prüfen und zu schauen, welche Ideen und Anpassungen vorgenommen werden könnten. Die vorbereitete Situationsanalyse wird dann im Gesamtteam gezielt besprochen und gemeinsam ergänzt. Beleuchten Sie in der Teambesprechung die Themenblöcke. Lassen Sie Ihr Team Ideen entwickeln und halten Sie diese auch fest. Nehmen Sie erst den Ist-Stand auf. Entwickeln Sie aus dem Ist-Stand heraus eventuell neue Impulse und Ideen für die Kooperation. Anpassungen können Sie in die dritte Spalte eintragen.

Beispiel: Analyse zur Lage der „Einrichtung“ (S. 47)

- Ist-Stand: Ihre Einrichtung liegt direkt neben der Grundschule.
- Neue Impulse, Ideen und Wünsche: Die Übergangskinder treffen sich in der Pause auf dem Schulhof mit Erstklässler*innen zum Spielen.

Ergänzend zur Situationsanalyse, können Sie auch eine Elternumfrage aus dem Kapitel 5 verwenden (S. 124–125). Nutzen Sie die Situationsanalyse auch im Alltag als Instrument, um Ressourcen zu erkennen oder wenn Sie eine Lösung schnell finden müssen. Hier können Sie sich rasch einen Überblick verschaffen, welche Ausweichmöglichkeiten Sie haben oder wo die Lösungsansätze liegen könnten.

SITUATIONSANALYSE (1/2)

I. Einrichtung	Ist-Stand	Neue Impulse, Ideen und Wünsche
Einrichtungsleitung		
kooperationsbeauftragte Person in der Einrichtung		
Kooperationslehrkraft der Grundschule		
Erreichbarkeit der Kooperationslehrkraft der Schule		
Lage der Einrichtung		
Einzugsgebiet der Einrichtung		
Vernetzung der Einrichtung/Kooperationen		
Ausstattung für Übergangskinder		
Räumlichkeiten für die Kooperationsarbeit		
Raum für Übergangskinder		

II. Pädagogisches Handlungsfeld	Ist-Stand	Neue Impulse, Ideen und Wünsche
Bildungspläne des Landes/Förderprojekte etc.		
Trägererwartungen/festgelegtes Leitbild		
Profil der Einrichtung/Besonderheiten		
Pädagogische Ausrichtung		
Qualitätsstandards im Hinblick auf den Übergang		
Bildungsmaterialien für die Übergangskinder		
Projektarbeit für die Übergangskinder		
Medien für digitale Bildung		

SITUATIONSANALYSE (2/2)

III. Anzahl der Kinder im Übergang	Ist-Stand	Neue Impulse, Ideen und Wünsche
Anzahl		

IV. Zeitfenster für die Kooperation	Ist-Stand	Neue Impulse, Ideen und Wünsche
Jahresplanung		
Feste und Rituale		

V. Erziehungspartnerschaft im Übergang	Ist-Stand	Neue Impulse, Ideen und Wünsche
Elternveranstaltungen für die Zielgruppe		
Elterngespräche im Übergang		
Kommunikationswege mit Eltern		

VI. Personal	Ist-Stand	Neue Impulse, Ideen und Wünsche
In der Kooperation mitwirkende pädagogische Fachkräfte		
Fortbildungen mit Schwerpunkt Übergang		
Fachliteratur		

VII. Partizipation	Ist-Stand	Neue Impulse, Ideen und Wünsche
Partizipation der pädagogischen Fachkräfte		
Partizipation der Kinder		
Partizipation der Eltern		

Impulsfragen zur Situationsanalyse

I. Einrichtung:

- Wie ist der Name der Einrichtungsleitung?
- Wer ist die kooperationsbeauftragte Person in Ihrer Einrichtung?
- Wer ist die Kooperationslehrkraft der Grundschule?
- Wann und wie ist die Lehrkraft erreichbar? Kontaktdaten?
- Wie ist die Lage Ihrer Einrichtung? Welche Institutionen oder Vereine sind z. B. in der Nähe?
- Beschreiben Sie das Einzugsgebiet Ihrer Einrichtung.
- Ist Ihre Einrichtung vernetzt? Bestehen Kooperationen mit anderen Institutionen oder Vereinen?
- Hat Ihre Einrichtung gezielte Ausstattung für die Übergangskinder?
- Hat Ihre Einrichtung Räumlichkeiten für die Kooperationsarbeit?
- Haben die Übergangskinder einen eigenen Raum oder einen Bildungsbereich in Ihrer Einrichtung?

II. Pädagogisches Handlungsfeld:

- Welche Ziele hat Ihr Bundesland im Bildungsplan im Hinblick auf die Kooperation zwischen Kita und Grundschule? Gibt es eventuell Förderprojekte für diese Zielgruppe in Ihrem Bundesland?
- Welche Erwartungen hat der Träger Ihrer Einrichtung in Bezug auf die Kooperation mit der Grundschule? Steht etwas dazu im Leitbild?
- Welches Profil und welche Schwerpunkte hat Ihre Einrichtung? Gibt es sogar Besonderheiten?
- Welche pädagogische Ausrichtung hat Ihre Einrichtung?
- Gibt es festgelegte Qualitätsstandards in Bezug auf die Übergangszeit oder die Kooperationsarbeit zwischen Kita und Grundschule?
- Hat Ihre Einrichtung ausreichend Bildungsmaterialien für die Übergangskinder?
- Führen Sie Projekte mit den Übergangskindern durch?
- Verfügen Sie über medienpädagogische Ausstattung und Bildungseinheiten im Bereich der digitalen Bildung?

III. Anzahl der Kinder im Übergang:

- Wie viele Kinder befinden sich aktuell im Übergang?

IV. Zeitfenster für die Kooperation:

- Haben Sie bereits eine Jahresplanung für die Kooperation?
  Welche Tage eignen sich für die Kooperationsarbeit in Ihrer Einrichtung?
- Welche Feste und Rituale gibt es im Übergang?

V. Erziehungspartnerschaft im Übergang:

- Welche Elternveranstaltungen gibt es für die Eltern im Übergang? Können sich Eltern mit anderen Übergangseltern austauschen?
- Gibt es Elterngespräche im Übergang?
- Welche Kommunikationswege pflegen Sie mit Eltern? Aushänge? Briefe? E-Mails? Apps? Sharepoints?

VI. Personal:

- Welche pädagogischen Fachkräfte wirken bei der Kooperationsarbeit mit?
- Gibt es Fortbildungen mit Schwerpunkt „Übergang“ in Ihrer Nähe?
- Hat Ihre Einrichtung Fachliteratur zu den Themen „Übergangsbegleitung“ und „Kooperation mit der Grundschule“?

VII. Partizipation:

- Welche Partizipationsmöglichkeiten haben Ihre Teammitglieder?
- Wie können sich die Kinder im Alltag mit ihren Ideen, Wünschen und Bedürfnissen im Alltag beteiligen? Dürfen sie in verschiedenen Bereichen gemeinsam abstimmen und entscheiden?
- Wie können Eltern sich in der Übergangsbegleitung mit ihren Themen beteiligen?

SCHRITT 2: GEMEINSAME ZIELE FORMULIEREN

Sie haben Ihre Situationsanalyse durchgeführt und konnten gemeinsam im Team neue Impulse, Ideen entwickeln und eventuell auch Anpassungen festhalten. Nun geht es um die gemeinsamen Ziele Ihres Teams. Gehen Sie Ihren Ist-Stand und die genannten Impulse, Ideen und Wünsche durch. Besprechen Sie die Punkte einzeln, was wichtig und sinnvoll ist und was davon umsetzbar ist. Viele Impulse, Ideen und Wünsche sind natürlich sehr positiv zu bewerten. Allerdings können nicht alle und einige auch nur begrenzt umgesetzt werden. Das kann in der Praxis zu Überforderung und Frustration führen. Deshalb stimmen Sie im Team ab, welche Impulse und Ideen für das Übergangsjahr gut geeignet und umsetzbar sind.

Anhand der Situationsanalyse und Ihrer Abstimmung im Team können Sie die Kooperationsziele festlegen und dokumentieren. Diese können allerdings nur in der Zusammenarbeit mit der kooperierenden Grundschule verbindlich bestimmt werden. Es ist unerlässlich, dass Sie mit der Grundschule ein gemeinsames Verständnis für die Kooperationsarbeit entwickeln und sich zusammen Ziele setzen. Ihre Impulse, Ideen und Wünsche, die die Grundschule auch betreffen, betten Sie am besten in einen Fragenkatalog ein. Gehen Sie gemeinsam diesen Fragenkatalog durch und legen Sie zusammen fest, was sich genau umsetzen lässt.

Doch bevor Sie aktiv in die Zielsetzung gehen, überprüfen Sie erst einmal Ihre Ziele! Die Checkliste hilft Ihnen, herauszufinden, welche Kriterien bei der Zielsetzung beachtet werden sollen.

Leitfragen für die Zielsetzung der Kooperationsarbeit

- ✔ Wer kann die Ziele umsetzen?
- ✔ Wie können die Ziele umgesetzt werden?
- ✔ Bis wann können die Ziele umgesetzt werden?
- ✔ Was benötigen wir für die Umsetzung der Ziele?
- ✔ Sind die Ziele in dem vorgegebenen Zeitraum erreichbar?
- ✔ Sind die Ziele für die Zielgruppe geeignet und gewinnbringend?

Die folgende *Kopiervorlage* können Sie für die Dokumentation der Ziele verwenden. Hier können Sie Ihre Ziele nach Themenblöcken eintragen und weitertransportieren.

GEMEINSAME ZIELE (1/2)

Checkliste: Wer kann die Ziele umsetzen? Wie können die Ziele umgesetzt werden? Bis wann können die Ziele umgesetzt werden? Was benötigen wir für die Umsetzung der Ziele? Sind die Ziele in dem vorgegebenen Zeitraum erreichbar? Sind die Ziele für die Zielgruppe geeignet und gewinnbringend?

Bereich Einrichtung	Bereich pädagogisches Handlungsfeld	Bereich Zeitfenster der Kooperation
....	....	....
....	....	....
....	....	....
....	....	....
....	....	....
....	....	....
....	....	....
....	....	....
....	....	....
....	....	....
....	....	....
....	....	....
....	....	....
....	....	....

GEMEINSAME ZIELE (2/2)

Checkliste: Wer kann die Ziele umsetzen? Wie können die Ziele umgesetzt werden? Bis wann können die Ziele umgesetzt werden? Was benötigen wir für die Umsetzung der Ziele? Sind die Ziele in dem vorgegebenen Zeitraum erreichbar? Sind die Ziele für die Zielgruppe geeignet und gewinnbringend?

Bereich Erziehungspartnerschaft	Bereich Personal und Personalentwicklung	Bereich Partizipation

Laden Sie die Kooperationslehrkraft zum Austausch ein; sehr gern auch die Schulleitung, wenn dies zeitlich möglich ist. Tauschen Sie sich über Ihre Arbeitsschritte im Bereich Übergang und Kooperationsarbeit aus. Fragen Sie die Kooperationslehrkräfte, welche Wünsche und Ideen seitens der Grundschule bestehen, und nehmen Sie Ihren Fragenkatalog mit ins Gespräch. Präsentieren Sie die Ziele Ihres Teams und versuchen Sie, gemeinsame Ziele der Kooperationsarbeit auch hier einzubetten. Lassen Sie die Lehrkräfte auch Ziele formulieren, die die Schule setzt. Somit können Sie alle Ziele verbinden und umsetzen.

Nach der Festlegung der Ziele ist es wichtig, regelmäßig diese zu spiegeln und anzupassen. Häufig stellt man in der Praxis bei der Umsetzung fest, dass die Ziele noch modifiziert werden müssen. Daher ist es wichtig, sich im Umgang mit den Zielen bewusst zu machen, dass die Ziele noch verändert, verfeinert oder eventuell neu definiert werden müssen. Die folgende *Abbildung* veranschaulicht Ihnen bildlich den Umgang mit Zielen.

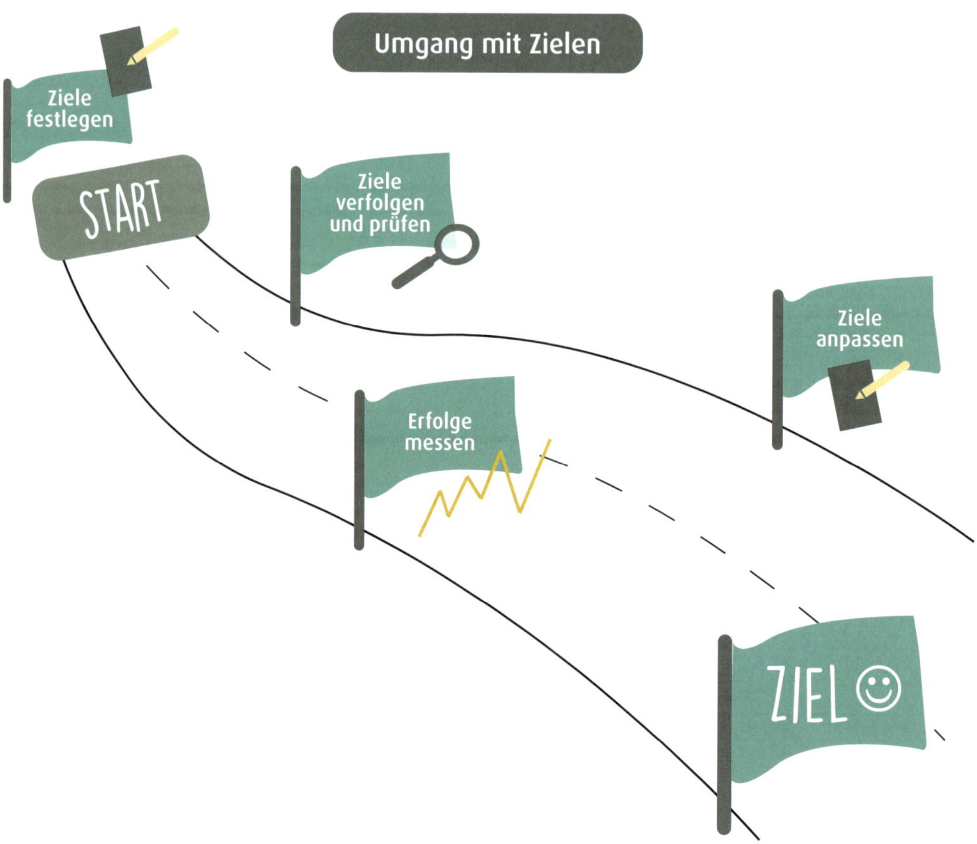

Umgang mit Zielen

1. **Phase: Festlegung der Ziele**
   Verständigung auf gemeinsame Ziele. Diese bieten die Grundlagen für die Umsetzung in der Praxis. Die Ziele werden dokumentiert.

2. **Phase: Umsetzung und Verfolgung der Ziele**
   Während der Umsetzung werden die Ziele verfolgt und geprüft. Es wird reflektiert, ob die Umsetzung die vorgesehenen Ziele erreichen kann.

3. **Phase: Messung der Erfolge**
   Die Erfolge werden gemessen und gespiegelt. Es wird geprüft, ob die Erfolge zum Ziel führen.

4. **Phase: Anpassung der Ziele**
   Die Ziele werden anhand der Messung der Erfolge angepasst und optimiert. Neue Umsetzungsvarianten können entwickelt werden.

5. **Phase: Erreichung der Ziele**
   In der letzten Phase werden die Ziele erreicht. Diese Phase ist eine sehr motivierende Phase und bestätigt Ihre pädagogische Arbeit. Freuen Sie sich gemeinsam im Team, wenn Sie ein Ziel erreichen. Eine Anerkennung oder Lob bringen Wertschätzung und Motivation ins Team. Ein motiviertes Team ist die beste Voraussetzung für die Zielerreichung.

SCHRITT 3: JAHRESPLANUNG

Sie haben Ihre gemeinsamen Ziele festgelegt und diese in der Kooperation mit der Grundschule abgestimmt. Für die Umsetzung der Ziele ist es wichtig, eine Jahresplanung vorzunehmen. Gerade im letzten Kita-Jahr finden viele Termine für Übergangskinder und Eltern statt. Auch für Sie als Team ist es sehr hilfreich, wenn Sie eine Jahresplanung für das Übergangsjahr (s. *Kopiervorlagen* S. 58–59) anlegen und regelmäßig anpassen und aktualisieren. Somit bekommen alle Teammitglieder und Bezugserzieher*innen mit, welche Termine stattfinden. Die Jahresplanung kann auch für die Eltern eine große Hilfe darstellen. Sie sehen auf einen Blick, welche Termine nacheinander folgen, und können sich rechtzeitig erkundigen, falls sie offene Fragen haben.

Stimmen Sie die Termine im Vorfeld mit Ihrem Team ab. Planen Sie die Kooperationstermine mit der Grundschule gemeinsam ein. Auch im Bereich der Erziehungspartnerschaft ist es wichtig und empfehlenswert, die Termine der Elternveranstaltungen mit dem Elternbeirat oder den Elternvertreter*innen abzustimmen. Das kann die Zusammenarbeit mit den Eltern stärken. In der folgenden Checkliste finden Sie aufgelistet, welche Termine und Themen in die Jahresplanung gehören:

Termine für die Jahresplanung

- ✔ schulärztliche Untersuchung
- ✔ Sprachtests
- ✔ Sprachfördertermine gezielt für die Übergangskinder
- ✔ Einschulungsstichtage
- ✔ Stichtage für Rückstellungsanträge
- ✔ Schulanmeldungszeitraum
- ✔ Kooperationstreffen der Lehrkräfte und pädagogischen Fachkräfte
- ✔ Kooperationstreffen mit anderen Vereinen oder Institutionen
- ✔ Elternabende für die Übergangsfamilien (Grundschule/Kita)
- ✔ Kooperationsbesuche der Kooperationslehrkraft
- ✔ gemeinsame Aktionen zwischen Kita und Grundschule
- ✔ Grundschulbesuch
- ✔ Entwicklungsgespräche/Beratungsgespräche für die Zielgruppe
- ✔ Treffen der Übergangskinder im Wochenplan oder Projekte
- ✔ Schulweg-Verkehrserziehung
- ✔ Elternveranstaltungen/Elterncafés
- ✔ Informationsveranstaltungen rund um das Thema „Übergang“
- ✔ Bibliotheksbesuch/Bibliotheksführerschein
- ✔ Kooperationstreffen mit anderen Kooperierenden: Ganztagsbetreuung der Grundschule, Schülerhort usw.
- ✔ Abschlussfest
- ✔ Abschlussausflug
- ✔ Schulranzen-Tag
- ✔ Fortbildungen zum Thema „Übergang“
- ✔ Austausch mit anderen Institutionen zum Thema „Übergang“
- ✔ Workshop-Termine für die pädagogischen Fachkräfte zum Thema „Übergang“
- ✔ Termin, bis wann die Portfolios (Bildungsdokumentationen) der Kinder abgeschlossen werden müssen

In der Jahresplanungsrunde besprechen Sie im Team, wer welche Termine betreut und wer die Verantwortung dafür übernimmt. Lassen Sie für die Veranstaltungen auch kleinere Gremien sich bilden.

Beispiele:

- ein Gremium für das Abschlussfest der Übergangskinder
- ein Gremium für die Planung und Durchführung der Elternveranstaltung
- ein*e Ansprechpartner*in für die Kooperation mit der Grundschule
- ein Gremium für eine Projektwoche usw.

Folgende *Kopiervorlagen* veranschaulichen Ihnen, wie so eine Jahresplanung ausgefüllt (S. 58) und als Vorlage (S. 59) exemplarisch aussehen kann. Termine wie z.B. Stichtage für die Schulpflicht, die Schulanmeldezeiträume sowie die Regularien der ärztlichen Schuleingangsuntersuchung oder die Rückstellung für Ihre Einrichtung finden Sie in den Verwaltungsvorschriften Ihres Kultusministeriums.

Diese Termine sind in der Beispielplanung für mehrere Monate angegeben, da Sie sie in dem Zeitraum in Ihre Jahresplanung auf jeden Fall aufnehmen sollten. Sie sind in drei unterschiedlichen Farben angelegt. So können Sie gleich erkennen, welche Termine Sie in der Einrichtung individuell setzen oder mit anderen Institutionen absprechen müssen und wo Sie Fristen Ihres Bundeslandes einhalten müssen. Die Bedeutung der Abkürzungen finden Sie in der Legende. Wählen Sie für Ihre Jahresplanung Ihre eigenen hausinternen Abkürzungen.

Führen Sie die Jahresplanung in den letzten Monaten des Kita-Jahres für das Folgejahr durch. Somit können Sie im Team die Kooperationsarbeit rechtzeitig vorbereiten.

JAHRESPLANUNG – BEISPIEL

	August	September	Oktober	November	Dezember	Januar	Februar	März	April	Mai	Juni	Juli
1		Schulärztliche Untersuchungen										
2			Sprachtests									
3	Stichtage Schulpflicht										Stichtage Schulpflicht	
4	Schulanmeldung: je nach Bundesland zwischen August und April											
5												Schulranzen
6												
7	Sprachförd.	Sprachförd.	Sprachförd.	Sprachförd.	Sprachförd.	Sprachförd.	Sprachförd.	Sprachförd.	Sprachförd.	Sprachförd.	Sprachförd.	Sprachförd.
8	ÜA	ÜA	KA	ÜA	KA	ÜA	KA	ÜA	KA	Projektwoche	KA	ÜA
9										Projektwoche		
10								Bücherei		Projektwoche		
11										Projektwoche		
12										Projektwoche		
13												
14	Sprachförd.	Sprachförd.	Sprachförd.	Sprachförd.	Sprachförd.	Sprachförd.	Sprachförd.	Sprachförd.	Sprachförd.	Sprachförd.	Sprachförd.	Sprachförd.
15	ÜA	ÜA	ÜA	ÜA	ÜA	ÜA	ÜA	ÜA	ÜA	ÜA	ÜA	ÜA
16				KT Ganztagsbetr.								
17								Elterncafé			Schulwegübung	
18									Schulbesuch			
19			KT Schule				KT Schule					
20												
21	Sprachförd.	Sprachförd.	Sprachförd.	Sprachförd.	Sprachförd.	Sprachförd.	Sprachförd.	Sprachförd.	Sprachförd.	Sprachförd.	Sprachförd.	Sprachförd.
22	ÜA	ÜA	ÜA	ÜA	ÜA	ÜA	ÜA	ÜA	ÜA	ÜA	ÜA	ÜA
23						Infoveranst.						
24										Ausflug		
25				Elternabend								Abschlussfest
26												
27												
28	Sprachförd.	Sprachförd.	Sprachförd.	Sprachförd.	Sprachförd.	Sprachförd.	Sprachförd.	Sprachförd.	Sprachförd.	Sprachförd.	Sprachförd.	Sprachförd.
29	Fortbildung	ÜA	ÜA	ÜA	ÜA	ÜA	ÜA	ÜA	ÜA	ÜA	ÜA	Workshop
30												
31												

Vorgaben der Bundesländer oder Schulämter
Individuelle Terminvergabe
Interne Terminvergabe
Kooperationstermin

KT Kooperationstreffen
KA Kooperationsangebot mit der Grundschule
ÜA Übergangsangebote für Kinder

JAHRESPLANUNG – VORLAGE

	August	September	Oktober	November	Dezember	Januar	Februar	März	April	Mai	Juni	Juli
1												
2												
3												
4												
5												
6												
7												
8												
9												
10												
11												
12												
13												
14												
15												
16												
17												
18												
19												
20												
21												
22												
23												
24												
25												
26												
27												
28												
29												
30												
31												

Vorgaben der Bundesländer oder Schulämter
Individuelle Terminvergabe
Interne Terminvergabe
Kooperationstermin

KT Kooperationstreffen
KA Kooperationsangebot mit der Grundschule
ÜA Übergangsangebote für Kinder

SCHRITT 4: UMSETZUNG UND DOKUMENTATION

Im vierten Schritt legen Sie anhand der Jahresplanung die Zuständigkeiten und Verantwortungsbereiche fest. Für die Umsetzung der Jahresplanung ist es wichtig, dass alle Teammitglieder rechtzeitig erfahren, welche Zuständigkeiten und Aufgaben Sie im Übergangsjahr koordinieren. Damit ist eine bessere Vorbereitung gewährleistet. Es ist empfehlenswert, im Team eine für die Kooperation beauftragte Person im Bereich Übergang festzulegen. Diese kann sämtliche Termine und pädagogischen Aufgaben rund um das Thema organisieren. Außerdem kann diese Person als Experte bzw. Expertin/Multiplikator*in bei Fragen zur Verfügung stehen. Starten Sie nun die Phase der Umsetzung und Dokumentation!

Suchen Sie in Ihrem Team eine „kooperationsbeauftragte Person" mit dem Schwerpunkt Übergang aus. Machen Sie die Verantwortungsbereiche der Leitung, der kooperationsbeauftragten Person und weitere Zuständigkeiten transparent. Anhand Ihrer Jahresplanung legen Sie im Team gemeinsam die Verantwortlichkeiten, Aufgaben und Gremien fest. Diese können mit Dokumentationsblättern (S. 64) festgehalten werden.

Das folgende *Organigramm* (S. 61) ist eine Orientierungshilfe. Es verschafft Ihnen und Ihrem Team einen schnellen Überblick, wer welche Verantwortung übernimmt und welche Aufgaben umgesetzt werden. Sie können das Organigramm erweitern, wenn mehrere Zuständigkeiten oder Gremien dazukommen.

ORGANIGRAMM

Kita-Leitung

Verantwortung:

Aufgabenbereiche:

Stellvertretende Kita-Leitung

Verantwortung:

Aufgabenbereiche:

Kooperationsbeauftragte*r „Stark im Übergang"

Verantwortung:

Aufgabenbereiche:

Gremien „Stark im Übergang"

Verantwortung:

Aufgabenbereiche:

Bezugserzieher*innen

Verantwortung:

Aufgabenbereiche:

Darüber hinaus kann Ihnen auch die Checkliste für die Jahresplanung *„Schrittweise zum Kooperationskonzept"* (S. 65–66) eine wertvolle Hilfe sein. Im Organigramm selbst befindet sich ein Bereich für die Bezugserzieher*innen. Hier können Sie im Team zusammenfassen, welche Aspekte in der Erziehungspartnerschaft oder welche pädagogischen Aufgaben im Übergang bedeutend sind.

Nachdem Sie die Zuständigkeiten und Aufgabenbereiche festgelegt haben, geht es in die Umsetzungsphase. Damit Ihnen die Umsetzung erfolgreich gelingen kann, sind eine gute Planung und Vorbereitung wichtig.

Nachfolgend finden Sie einen *„Vorbereitungsbogen"* als Kopiervorlage (S. 63). Dieser Bogen kann von einzelnen Mitarbeitenden oder von Gremien verwendet werden. Legen Sie alle Vorbereitungsbögen im Übergangsordner ab. Es ist in Vertretungssituationen eine große Hilfe, die Aufgaben auf andere Mitarbeitende zu übertragen.

Auch die Dokumentation der Umsetzung der Aktivitäten ist sehr zentral. Hierfür finden Sie folgend ein *„Dokumentationsblatt"* als Mustervorlage (S. 64). Dieses Blatt können Sie für die Eltern als Aushang verwenden. Es kann auch in die Portfolios kommen.

Gestalten Sie die Dokumentationsblätter gemeinsam mit den Kindern. Persönliche Fotos und Zeichnungen der Kinder können der Dokumentation dienen. Durch das aktive Mitgestalten fördern Sie die Kompetenzen der Kinder und stärken ihre Partizipation.

Anhand Ihrer *„Situationsanalyse"*, des *„Organigramms"*, der Formulierung der *„Gemeinsamen Ziele"*, der *„Jahresplanung"* und der *„Dokumentationsblätter"* können Sie abschließend gemeinsam mit der Grundschule eine eigene Konzeption festlegen.

VORBEREITUNGSBOGEN

Aktion/Veranstaltung: ....

Termin: .... Uhrzeit: .... Planung und Durchführung durch: ....

Ablauf:

1. ....
2. ....
3. ....
4. ....
5. ....
6. ....

Raum:

....

....

Benötigte Materialien:

....

....

....

....

....

....

....

Teilnehmer*innen:

....

....

....

Wichtig:

....

....

....

DOKUMENTATIONSBLATT

Aktion/Veranstaltung: ....

Termin: .... Uhrzeit: ....

Mein Name: .... Unterschrift: ....

AUF DEN PUNKT GEBRACHT

Schrittweise zum Kooperationskonzept

Schritt 1: Situationsanalyse

- Grundstein der Kooperationsarbeit und Ermittlung des Ist-Standes
- Analyse der Einrichtung, Ressourcen und Möglichkeiten im Leitungsteam
- Austausch, Reflexion und Weiterentwicklung im Gesamtteam
- Ergebnisse werden festgehalten
- die *„Elternumfrage am Anfang des Kita-Jahres“* aus Kapitel 5 (S. 124) kann bereits hier durchgeführt werden

Schritt 2: Gemeinsame Ziele formulieren

- Instrument für gemeinsame Zielformulierungen
- Bereiche der Ziele: Einrichtung als Institution, pädagogisches Handlungsfeld, Zeitfenster für die Kooperation, Erziehungspartnerschaft, Personal und Personalentwicklung, Partizipation
- gemeinsame Ziele mit der Kooperationsgrundschule werden gefunden und dokumentiert

Schritt 3: Jahresplanung

- nach Zielsetzung und Abstimmung mit der Grundschule beginnt Planungsphase
- Umsetzung der Jahresplanung für die Zielgruppe „Übergangskinder und Übergangsfamilien“
- Terminkoordination nach Strukturen, Vorgaben des Bundeslandes, des Schulamtes und des Trägers sowie nach Kooperationsterminen oder internen Terminvergaben
- Jahresplanung in den letzten Monaten des Kita-Jahres zur guten Vorbereitung und effektiven Zeitausnutzung

Schritt 4: Umsetzung und Dokumentation

- Benennung einer kooperationsbeauftragten Person für den Bereich Übergang
- Aufteilung der Verantwortungen und Aufgabenbereiche der Übergangsleitung mithilfe der Jahresplanung
- Festhalten der beteiligten Personen und Verantwortungsbereiche im Organigramm
- gute Vor- und Nachbereitung für die Umsetzung der Jahresplanung
- Mustervorlagen wie *„Vorbereitungsbogen"* (S. 63) und *„Dokumentationsblatt"* (S. 64) vereinfachen den Prozess und bieten eine schnelle Hilfe in Vertretungssituationen

4

PRAXISIDEEN FÜR DIE KOOPERATION IM ÜBERGANG

In diesem Kapitel geht es um die direkte Umsetzung in Ihrem Kita-Alltag. Sie haben sich mit der Bedeutung des Übergangs und der konzeptionellen Arbeit mit der Grundschule auseinandergesetzt. Ihre Ziele stehen fest. Nun können Sie anhand der Ideen und Ressourcen Ihres Teams Ihre Ziele im Übergang konkret umsetzen.

Für die Umsetzung der Ziele sind diese Aspekte wichtig:

- Schulbereitschaft der Kinder
- Erziehungspartnerschaft
- Kooperationsarbeit mit der Grundschule
- Vorgaben Ihres Bundeslandes und Trägers
- zeitliche, räumliche, materielle, persönliche, individuelle Ressourcen Ihrer Einrichtung

In den nachfolgenden fünf Bausteinen finden Sie verschiedene Praxisideen für die Umsetzung der Ziele in Ihrer Einrichtung.

BAUSTEIN 1: PÄDAGOGISCHE ANGEBOTE UND UMSETZUNGSIDEEN IN DER KITA

Im ersten Baustein liegt der Fokus auf der Schulbereitschaft der Kinder. Sie sollen in den Entwicklungsbereichen gefördert werden und die Möglichkeit haben, sich in ihrer Rolle in der Übergangszeit frei und individuell zu entfalten. Dafür benötigen sie Räume, Materialien, Bildungsimpulse und Begleiter*innen. Die Letzteren sollen möglichst offene Ohren haben. Übergangskinder haben viele Fragen und möchten ihren Wissensdurst stillen. Sie suchen sich gern im letzten Kita-Jahr auch noch Herausforderungen und wollen „groß" und „stark" werden. Zum ersten Mal erleben sie, dass sie die „Großen" sind. Sie werden als Vorbild betrachtet und sind motiviert und interessiert, etwas Neues zu erleben und mitzugestalten. Starke Übergangsbegleitung bedeutet, dass die Stärken der Kinder gesehen, geschätzt und eingesetzt werden. Diese Haltung hilft ihnen, Selbstbewusstsein und Selbstständigkeit zu entwickeln und die Rolle der Vorbilder zu erfüllen.

Bevor Sie die pädagogischen Angebote final planen, gehen Sie mit den Kindern ins Gespräch. Lassen Sie ihre Bedürfnisse, Ideen und Wünsche in die Planung miteinfließen. Verteilen Sie dabei unter den Kindern gern auch aktive Rollen oder einzelne Verantwortungsbereiche. Sie sollen als Agierende in der Übergangszeit gesehen werden und die Möglichkeit haben, ihren Alltag aktiv mitzugestalten. Sie sollen ihre Kompetenzen einsetzen und daraus profitieren.

Schulentdecker-Fragenbox

Zielsetzung:

Von den Kindern offene Fragen zum Thema „Schule" erfahren und diese von ihnen festhalten lassen. Gemeinsam mit den Kindern auf Lösungssuche gehen sowie Gesprächsregeln festlegen. Aneignung von Wissen über die Schule anhand der beantworteten Fragen.

Materialien:

- Schuhkarton mit separatem Deckel
- Klebefolie oder Geschenkpapier mit Klebstoff
- Schere und Stifte
- Kopiervorlage *„Schulentdecker-Fragebogen"* (S. 70)

Vorbereitung:

Bekleben Sie (evtl. mithilfe der Kinder) den Schuhkarton mit Klebefolie oder Geschenkpapier. Schneiden Sie in den Kartondeckel einen Einwurf-Schlitz für die Fragebögen (ca. 2 cm x 15 cm). Beschriften Sie die Box mit dem Text: „Schulentdecker-Fragenbox". Kopieren Sie die Vorlage *„Schulentdecker-Fragebogen"* für jedes Kind einmal und auch weitere Exemplare als Auslagematerial. Besprechen Sie im Team, wo Sie die Fragenbox mit den Fragebögen aufstellen können und wann diese mit der Gruppe der Übergangskinder regelmäßig geöffnet werden kann.

Durchführung:

Treffen Sie sich mit den Übergangskindern in einem Sitzkreis und stellen Sie die Box und die Schulentdecker-Fragebögen in die Mitte. Erklären Sie den Kindern, dass Sie eine Fragenbox für sie gebastelt haben. Lesen Sie den Text der Beschriftung vor und zeigen Sie ihnen die Fragebögen. Erarbeiten Sie anschließend gemeinsam mit den Kindern, welche Funktion diese Box hat und welche Möglichkeiten der Nutzung die Kinder haben. Die Kinder dürfen ihre Fragen rund um das Thema „Schule" in die Fragebögen von Eltern oder pädagogischen Fachkräften eintragen lassen und in die Box einwerfen. Besprechen Sie, wo die Schulentdecker-Fragenbox mit den Fragebögen platziert wird und wie und wann die Fragen beantwortet werden. Fragen werden in der Gruppe besprochen und es wird versucht, gemeinsam eine Antwort zu finden. Wenn dies nicht möglich ist, kann überlegt werden, wo die Gruppe für die Frage eine Antwort finden kann.

SCHULENTDECKER-FRAGEBOGEN

Mein Name: .... Datum: ....

Ich möchte gern folgende Frage über die Schule stellen:

....

....

Die Antwort auf die Schulentdecker-Frage ist:

Schulentdecker-Raum

Zielsetzung:

Gemeinsam mit den Kindern einen Raum oder Bereich mit Bildungsmaterialien rund um die Themen „Übergang" und „Schule" einrichten: Der Raum soll die Kinder in ihrer Rollenfindung und Entwicklung fördern und Sachwissen vermitteln. Achten Sie darauf, dass Sie bei den Bildungsmaterialien alle Entwicklungsbereiche der Schulbereitschaft berücksichtigen. Sie können sich für den Schulentdecker-Raum Ihre eigenen individuellen Ziele setzen.

Materialien:

- **Bereich Rollenfindung:** Schulranzen, Schulmäppchen, Schultafel mit Kreide, Schulbank usw.
- **Kognitive Entwicklung und Konzentration:** Gesellschaftsspiele und Bildungsmaterialien zu den Themen „Zahlen und Mengen", „Naturwissenschaft", „Ernährung", „Schule und Verkehr", „Umwelt"; Konstruktionsmaterial für die Altersstufe und Lupen, Mikroskope; Veranschaulichungsmaterialien, wie Globus, Naturmaterialien, verschiedene Puzzles mit mindestens 100 Teilen usw.
- **Feinmotorische Entwicklung:** Stifte, Scheren, Bastelmaterial, Webrahmen, Pompon-Schablone, Bügelperlen usw.
- **Sprachkompetenzen:** Bilder- und Sachbücher, digitale Medien wie audiodigitale Lernstifte und Hörspiele, Rollenspielmaterialien, Plakate und Wimmelbilder mit dem Thema „Schule" usw.
- **Emotional- und Sozialkompetenzen:** Bücher und Spielmaterialien zum Thema „Gefühle", Entspannungsmaterialien, wie Sanduhren, Knautschbälle, Lavaflaschen, Kamishibai-Theater mit Bildkarten zu den Themen
- **Selbstbewusstsein und Selbstständigkeit:** Aufgabenblätter zum Thema, die allein bearbeitet werden können; kreative Projekte mit Upcycling-Materialien, Erfindungen und Tüfteln usw.
- **Räumliche Strukturen:** Entwickeln Sie mit den Kindern gemeinsam ein Raumkonzept. Legen Sie mit ihnen die Strukturen des Schulentdecker-Raumes fest. Klären Sie mit ihnen, welche Regeln in dem Raum gültig sind und wie oft es dort Aktionen gibt und wie die Bildungsmaterialien eingeordnet werden sollen.

Vorbereitung: Suchen Sie mit Ihrem Kita-Team einen geeigneten Bereich für die Einrichtung des Schulentdecker-Raumes und sammeln Sie dafür Ideen. Berufen Sie auch eine Kinderkonferenz zum Thema „Schulentdecker-Raum" ein. Sammeln Sie mit den Kindern Ideen, wie der Raum aussehen könnte und was sie in dem Raum an Spiel- und Bildungsmaterialien benötigen. Halten Sie die Äußerungen in einem Protokoll fest. Hierfür können Sie die Vorlagen *„Vorbereitungsbogen"* und *„Dokumentationsblatt"* aus Kapitel 3 (S. 63–64) verwenden.

Durchführung: Die Einrichtung des Schulentdecker-Raumes kann auch als Jahresprojekt durchgeführt werden. Am Anfang darf der Raum leer sein und Schritt für Schritt mit neuen Bildungsimpulsen gefüllt werden.
Legen Sie gemeinsam mit den Kindern die Regeln für den Raum fest. Optional kann noch entschieden werden, ob die Übergangskinder auch Kinder aus anderen Altersstufen in den Raum einladen dürfen. Das fördert das Selbstbewusstsein und die Eigenverantwortung der Kinder.

Schulentdecker-Wandzeitung

Zielsetzung: Gemeinsam mit den Kindern eine Wandzeitung gestalten: Sie lernen dabei, wie sie entsteht, welche Arbeitsschritte notwendig sind und wie man in Wort und Bild von etwas berichtet. Dabei wird die Medienkompetenz gefördert.

Materialien:

- Tablet und Drucker
- Kopierpapier
- Buntstifte, Schere und Klebestoff
- verschiedene Bastelmaterialien, mit denen das jeweilige Thema gestaltet werden kann
- Wandzeitung zur Veranschaulichung

Vorbereitung: Die Kinder sollen im Vorfeld die wichtigsten Umgangsregeln mit einem Tablet kennen. Lassen Sie sie die Foto- und Schreibfunktion ausprobieren. Gern können Sie die Themen aus dem *„Schulentdecker-Fragebogen"* (S. 70) aufgreifen oder mit den Kindern neue spannende Themen finden. Gegebenenfalls besteht auch die Möglichkeit, dass die Kinder mit einer Schule einen Recherchetermin vereinbaren.

Durchführung:

Treffen Sie sich mit den Übergangskindern im Schulentdecker-Raum. Zeigen Sie ihnen eine Wandzeitung. Stellen Sie den Kindern Fragen dazu wie: „Wer kennt eine Wandzeitung?", „Was ist denn eine Wandzeitung?", „Warum hat man eine Wandzeitung?", „Was steht darin/darauf?", „Wer macht sie?"
Erzählen Sie den Kindern, dass es auch die Möglichkeit gibt, eine Wandzeitung zu gestalten. Fragen Sie sie, ob sie gern als Reporter*innen dafür recherchieren möchten. Überlegen Sie sich gemeinsam, zu welchen Themen und auf welche Art und Weise sie eine Recherche machen möchten. Auch die Fragen aus dem *„Schulentdecker-Fragebogen"* (S. 70) können sich als mögliche Themen für die Wandzeitung eignen. Weitere könnten beispielsweise sein: „Wer sind wir?", „Unsere Kita", „Unsere Grundschule", „Unsere Schulranzen", „Unsere Schultüten", „Wissenswertes über die Schule", „Rätsel über die Schule" oder „Schulaufgaben".

Schultüten-Atelier

Zielsetzung:

Die Kinder zeichnen Entwürfe für Schultüten und planen die Umsetzung mit den pädagogischen Fachkräften.

Materialien:

- Bastelbücher für Schultüten
- Schultütenfotos und Kataloge zur Anschauung
- verschiedene Bastelmaterialen (z. B. Moosgummi, Kartonpapier, Stoffreste, Klebefolie, Schablonen, Konfettis, Fingerfarben, Stempel, Faltpapier, Krepppapier, Bänder, Kordeln usw.) und passendes Werkzeug (z. B. Scheren, Klebstoff, Pinsel usw.)
- Schultütenrohling ohne Muster

Durchführung:

Treffen Sie sich mit den Kindern im Kreativraum oder im Schulentdecker-Raum der Kita. Regen Sie ein Gespräch über Schultüten an. Fragen Sie die Kinder, wie ihre Traumschultüte aussehen würde. Dazu können Lieblingstiere, -pflanzen, -farben, -figuren, -sportarten oder -fahrzeuge ausgesucht werden. Laden Sie die Kinder ein, ihre Traumschultüte zu entwerfen und aufzumalen.
Wenn die gemalten Entwürfe fertig sind, überlegen Sie gemeinsam, welche Materialien und welche Vorlagen dafür benötigt werden.

Im Kita-Alltag ist es leider nicht möglich, dass jedes Kind eine individuelle Schultüte mit dem*der Bezugserzieher*in bastelt. Im Rahmen eines Elterncafés würde es sich aber anbieten, mit Eltern oder anderen Bezugspersonen der Kinder eine Schultüte zu basteln.

Zahlen-Rallye

Zielsetzung: Die Kinder erfassen Zahlen und Mengen spielerisch mit Bewegung im Stationsspiel.

Materialien:

- Straßenmalkreiden
- Schaumstoffwürfel
- Trommel
- Zahlenkarten von 1–10
- Eierkartons
- Kopiervorlagen *„Zahlen-Rallye"* (S. 75–76)
- Stempel
- Set zum Dosenwerfen

Vorbereitung: Bereiten Sie anhand der *„Beschreibung der Stationen"* (S. 75) die Stationen vor. Die Zahlen-Rallye eignet sich am besten zur Durchführung draußen.

Durchführung: Laden Sie die Kinder zu dem Rallyespiel ein. Jedes Kind bekommt dazu eine *„Laufkarte"* (S. 76). Nach jeder Rallyestation dürfen die Kinder ihre Karten abstempeln. Die Aufgaben an den Stationen dürfen nur einmal pro Kind umgesetzt werden, sodass es immer nur einen Stempel für eine Station gibt.

Variante: Sie können die Kinder auch in kleine Teams einteilen und das Ablaufen der Stationen in Team 1, Team 2, Team 3 usw. umsetzen.

ZAHLEN-RALLYE – BESCHREIBUNG DER STATIONEN

STATION 1

Zahlen hüpfen

Jedes Kind darf einmal mit einem großen Schaumstoffwürfel würfeln und die Zahl, die es gewürfelt hat, hüpfen.

STATION 2

Zahlenschlange

Malen Sie mit Kreide eine Schlange auf dem Boden auf. Zeichnen Sie zehn Felder zum Hüpfen auf und beschriften Sie diese mit den Zahlen von 1–10. Nun darf jedes Kind einzeln eine Zahl mit dem Schaumstoffwürfel würfeln und vorwärtshüpfen, bis es die Zahl 10 ganz genau erreicht hat.

STATION 3

Dosenwerfen

Jedes Kind darf 3-mal werfen. Dabei werden die Dosen, die gefallen sind, gezählt. Wer hat die meisten Dosen umgeworfen?

STATION 4

Eierkarton Zahlenbingo

Beschriften Sie einen Eierkarton in den Eierfächern mit den Zahlen von 1–6. Nun darf jedes Kind eine zu den Fächernummern 1–6 passende Anzahl an Stöckchen oder Steinchen sammeln und sie dort hineinlegen.

STATION 5

Zahleninseln

Malen Sie mit Kreide sechs große Kreise auf dem Boden für die „Inseln" auf (ca. 1 m Durchmesser). Beschriften Sie zwei Kreise mit der Zahl 1, zwei Kreise mit der Zahl 2 und zwei Kreise mit der Zahl 3. Die Kinder dürfen sich frei bewegen und genau zuhören. Sie geben mit der Trommel die Insel an, die die Kinder schnell finden müssen. Einmal trommeln und die Kinder sind auf der Insel mit der 1 richtig usw.

ZAHLEN-RALLYE – LAUFKARTE

Mein Name:

....

....

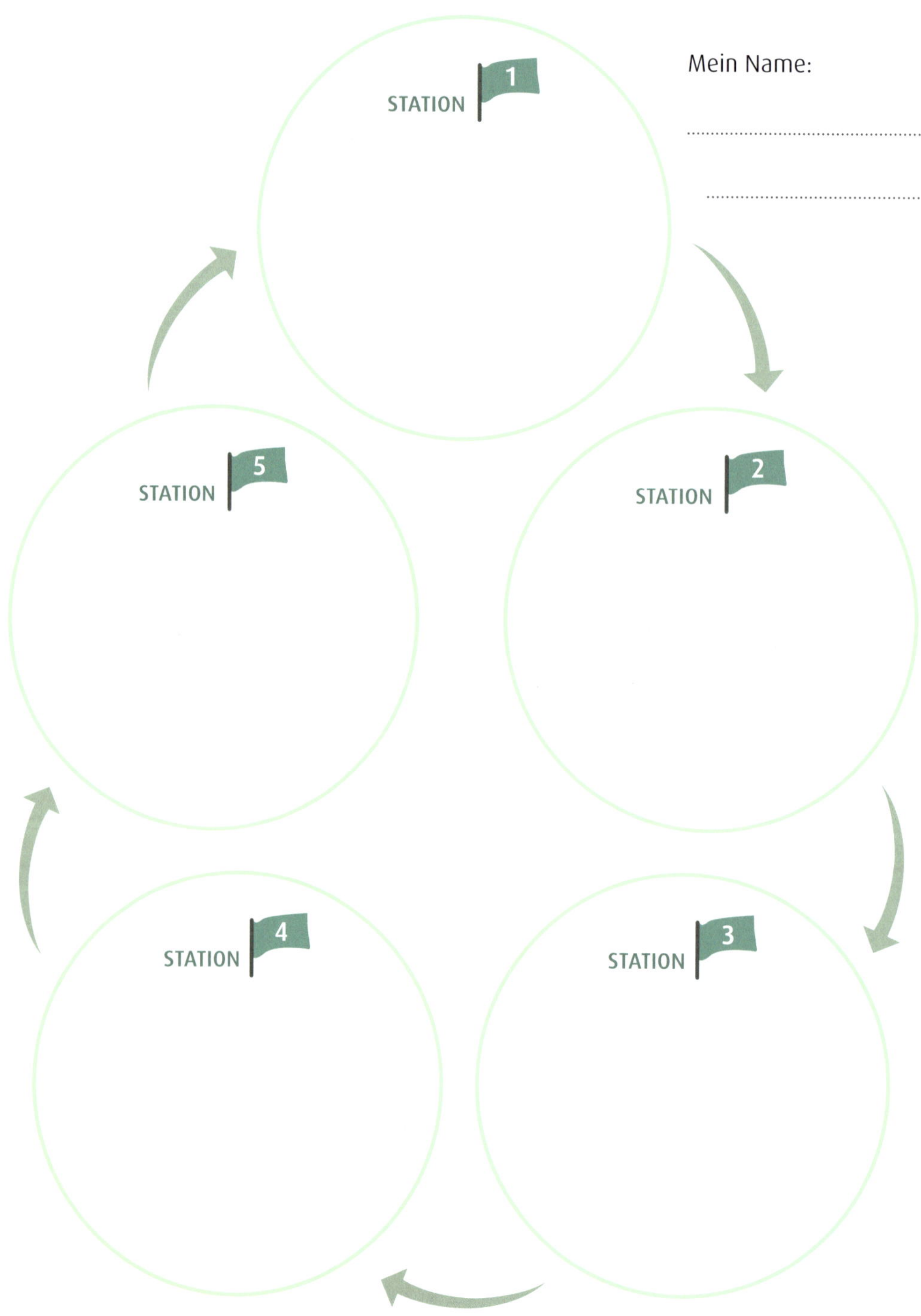

Buchstaben-Aktionskisten

Zielsetzung: Die Kinder lernen spielend, Buchstaben zu erkennen, zu gestalten, zu stempeln oder zu schreiben.

Materialien:

- 5 Kisten aus Kunststoff
- Knete und durchsichtige Knetunterlage
- Buchstaben als Vorlage
- Bügelperlen und Bügelperlenschablonen für Buchstaben
- Buchstabenstempel, Fingerfarben und Schutzkleidung
- Karton- und Kopierpapier
- Buchstaben aus Moosgummi
- Buntstifte
- laminierte Buchstaben
- abwischbare Folienstifte und Schwamm zum Abwischen

Vorbereitung: Bereiten Sie die Buchstaben-Aktionskisten mit ihren Inhalten vor. Die „*Beschreibung*" finden Sie nachfolgend als Kopiervorlage (S. 78).

Durchführung: Sie können die Aktionskisten schrittweise im Schulentdecker-Raum als Materialimpuls im Freispiel anbieten. Am Anfang müssen die Aktionskisten im Freispiel mitbetreut werden, bis die Kinder mit den Aufgaben und Materialien vertraut sind.

BUCHSTABEN-AKTIONSKISTEN – BESCHREIBUNG

AKTIONSKISTE 

Buchstaben kneten

Material: Buchstaben als Vorlage, durchsichtige Knetunterlage, Knete

Die Kinder dürfen Buchstaben aussuchen, unter die durchsichtige Knetunterlage legen und die Buchstaben kneten.

AKTIONSKISTE 

Buchstaben aus Bügelperlen erstellen

Material: Buchstabenschablone für Bügelperlen und Bügelperlen

Die Kinder dürfen Buchstaben aus Bügelperlen erstellen.

AKTIONSKISTE 

Namensschilder stempeln

Material: Buchstabenstempel, Fingerfarben zum Stempeln und Schutzbekleidung, Kartonpapier

Die Kinder dürfen die Schilder mit ihrem Namen stempeln.

AKTIONSKISTE 

Buchstaben zaubern

Material: Buchstaben aus Moosgummi, Kopierpapier und Buntstifte

Jedes Kind sucht sich einen Moosgummibuchstaben aus und deckt ihn mit Kopierpapier ab. Vorsichtig fährt es mit einem Buntstift über das Papier, bis der Buchstabe zu erkennen ist.

AKTIONSKISTE 

Schriftwerkstatt

Material: laminierte Buchstaben (am besten mit Richtungspfeilen, damit die Kinder die Bewegung richtig lernen), abwischbare Folienstifte, Schwamm zum Abwischen

Die Kinder dürfen mit den Stiften versuchen, die Buchstaben nachzumalen.

Digitale Medien-Werkstatt

Digitale Medien sind ein Teil der Lebenswelten und des Alltags der Kinder. Hierbei gibt es Medien, die explizit für Kinder entwickelt sind. Trotzdem ist es wichtig, den richtigen Umgang mit diesen Medien zu lernen. Es gibt digitale Medien, wie Tablets, die nur in Begleitung von Erwachsenen eingesetzt werden sollten. Medien kennen Kinder häufig als Konsumgut, um Filme anzuschauen oder zu spielen. Darüber hinaus gibt es sehr viele Apps, die pädagogisch wertvoll und sinnvoll sind und die auch im Kita-Alltag benutzt werden können. Werden Medien sinnvoll in die pädagogische Arbeit eingebunden, können die Kinder erleben, mit ihnen kreativ und aktiv umzugehen.

Zielsetzung: Kinder sollen gute und sichere Medienkompetenzen entwickeln. Sie sollen den richtigen Umgang mit den Geräten erlernen, sich Sachwissen über die Geräte aneignen und erleben, dass die Medien als Werkzeug eingesetzt werden können. Auch gemeinsame Projekte können aktiv in einer Gruppe durchgeführt werden. Ein weiterer zentraler Aspekt ist, dass die Kinder die Gefahren kennen, die im Umgang mit Medien auftreten können.

Materialien:

- digitale Medien, wie programmierbare Spielgegenstände und Tablets
- Bücher zum Thema „Medienpädagogik“

Vorbereitung: Bevor Sie digitale Medien in der Kita einsetzen, ist es wichtig, die pädagogischen Ziele und die Handhabung der Medien im Vorfeld festzulegen. Es ist hilfreich, wenn eine Person in Ihrem Team bereits eine Fortbildung zu dem Thema besucht hat. Für die Arbeit mit den Kindern ist eine sichere Handhabung mit den Medien sehr bedeutend. Legen Sie fest, was die Kinder im Vorfeld über die Geräte wissen sollen, wie sie diese verwenden können und welche Umgangsregeln sie dafür vereinbaren möchten.

Durchführung: Führen Sie digitale Geräte immer in kleinen Gruppen ein, maximal mit zehn Kindern. Die Kinder sollen aktiv mit den Medien arbeiten, gestalten, zuhören, programmieren und Ideen umsetzen können. Nachfolgend finden Sie auf zwei Seiten Kopiervorlagen für einen *„Medienführerschein“* (S. 80–81). Diese können Sie beliebig beschriften oder mit Fotos ergänzen.

MEDIENFÜHRERSCHEIN (1/2)

Mein Medienführerschein für die .... Nutzung

Mein Name: .... Datum: ....

Unterschrift: ....

Das habe ich heute gelernt:

Nutzung

....

....

....

Regeln

....

....

....

....

....

....

....

Gefahren

....

....

MEDIENFÜHRERSCHEIN (2/2)

Meine Erlebnisse und Ergebnisse

Mein Name: .... Datum: ....

Unterschrift: ....

Fotos

Holen Sie sich die Eltern mit ins Boot. Geben Sie ihnen Informationen darüber an die Hand, was ihre Kinder im Bereich Medienpädagogik in der Kita lernen. Mit dem *„Medienführerschein"* können Sie ihnen ein Informationsblatt über die Nutzung, die Umgangsregeln und die Gefahren digitaler Medien geben. Die Eltern können dies zum Anlass nehmen, mit ihren Kindern über digitale Medien zu sprechen, und ihnen einen sicheren Umgang auch für die Nutzung zu Hause vermitteln.

Wichtig: Die Eltern sollten darüber informiert werden, dass die Kinder mit dem Medienführerschein zur Nutzung eines Tablets nicht dazu befähigt sind, diese Geräte auch ohne Aufsicht zu bedienen.

Ausleihservice im Schulentdecker-Raum

Zielsetzung: Die Übergangskinder erhalten die Möglichkeit, Bilder- und Sachbücher, altersgerechte Geschichten und auch Erstleserbücher zum Thema „Schule" im Schulentdecker-Raum auszuleihen. Damit kann ihre Sachkompetenz erweitert werden.

Materialien:
- Bücher zum Thema „Schule" für Kinder von 4–8 Jahren

Vorbereitung: Besprechen Sie im Team, wie eine kleine Bibliothek mit und für die Übergangskinder eingerichtet werden kann. Wie könnte ein Ausleihservice aussehen? Welche Fristen könnte es für die Ausleihe geben und wer notiert, was ausgeliehen und zurückgebracht wurde?

Durchführung: Nachdem Sie die Bibliothek eingerichtet haben, führen Sie die Kinder durch die neue Bibliothek. Erklären Sie ihnen das Ausleihprinzip und informieren Sie auch die Eltern darüber.

Vielleicht können die Kinder jeden Freitag ein Buch für das Wochenende mitnehmen und am Montag wieder in der Einrichtung abgeben. Damit hätten Sie ein Ausleihritual ohne „Personalaufwand". Hierfür könnten Sie auch (selbst gestaltete) Stofftaschen für die Übergangskinder einsetzen.

Präsentation von Lieblingsthemen

Zielsetzung: Kinder lernen gemeinsam, wie und wo sie Informationen zu ihren Lieblingsthemen finden. Sie erfahren, wie sie aktiv eine Präsentation erstellen können. Dabei haben sie die Möglichkeit, detailliert zu berichten und zu erzählen. So vermitteln sie Wissen in ihrer Kita und sind Vorbilder für jüngere Kinder.

Materialien:

- Tablet und Beamer
- App für Präsentationen
- verschiedene Anschauungsmaterialien, wie z. B. Sachbücher, Tierfotos, Gegenstände, Spielzeugtiere, Spielfiguren, Sportartikel usw.

Vorbereitung: Erstellen Sie im Vorfeld eine kurze Musterpräsentation mit Fotos, z. B. über Ihr Haustier. Stellen Sie kurz vor, welches Tier es ist, was das Tier am liebsten macht, wie Sie das Tier pflegen, welche Nahrung das Tier braucht und welche Besonderheiten es hat.

Durchführung: Treffen Sie sich mit den Übergangskindern in einem Sitzkreis und stellen Sie Ihre Kurzpräsentation vor. Lassen Sie sie zum Schluss Fragen dazu stellen, was sie noch gern erfahren möchten. Laden Sie sie danach ein, selbst eine Präsentation zu erstellen. Suchen Sie gemeinsam mögliche Themen dafür aus und stimmen Sie sie ab. Die Kinder können sich entscheiden, ob sie alle zusammen eine Präsentation vorbereiten oder in Kleingruppen mehrere Präsentationen erstellen. Überlegen Sie anschließend mit den Kindern, wo sie Informationen zu den Präsentationsthemen finden können. Lassen Sie sie eventuell vorab schon Sachbücher mitbringen, Fotos sammeln oder erstellen, Bilder malen usw. Die Kinder sollten ihre Präsentation möglichst eigenständig vorbereiten. Gemeinsam können Sie entscheiden, ob die fertigen Präsentationen im Morgenkreis oder z. B. vor einer anderen Gruppe der Kita oder den Eltern vorgestellt werden. Unterstützen Sie die Kinder dabei, festzulegen, wer welchen Teil der Präsentation vorstellen wird, und legen Sie eine Reihenfolge fest.

Treffen mit ehemaligen Übergangskindern und Eltern

Zielsetzung: Wiedersehen und Reflexionsmöglichkeit mit den Erstklässler*innen und deren Eltern in der Kita ermöglichen: Kontakt und bereichernder Austausch zwischen Erstklässler*innen und Übergangskindern und deren Eltern sowie Mitarbeiter*innen der Kita.

Materialien:

- Einladungsschreiben und Adressen (für E-Mail- oder Postversand) der derzeitigen und ehemaligen Übergangsfamilien
- Notizblöcke und Stifte für die Eltern bei dem Treffen

Vorbereitung: Laden Sie die ehemaligen Übergangskinder nach ihrer Einschulung im 2. Schulhalbjahr zusammen mit ihren Eltern in die Kita ein. Dafür eignen sich die Ferienzeiten sehr gut. Planen Sie das Treffen, indem Sie einen Termin und die genaue Uhrzeit bestimmen. Informieren Sie die ehemaligen Übergangskinder mit einer Einladung per E-Mail oder Post. Bitten Sie um Rückmeldung und Bestätigung, wer kommen kann.

Durchführung: Laden Sie die derzeitigen Übergangskinder mit Eltern und Ihre ehemaligen Übergangskinder aus der 1. Klasse mit Eltern in die Kita ein. Nach einer Begrüßung lassen Sie die Kinder frei miteinander spielen. Geben Sie den Eltern Zeit zum Austausch. Fordern Sie sie bei der Begrüßung herzlich auf, sich gegenseitig Fragen zu stellen und sich darüber auszutauschen, was bei der Übergangsphase und Einschulungsphase hilfreich war. Legen Sie Notizblöcke und Stifte aus, falls Eltern sich etwas notieren möchten.

BAUSTEIN 2: ERZIEHUNGSPARTNERSCHAFT IN DER ÜBERGANGSZEIT

Die Eltern und Sie haben bereits gemeinsam eine Übergangszeit bei der Eingewöhnung des Kindes gestaltet. Die Bezugserzieher*innen spielen in der Eingewöhnung eine bedeutende Rolle. Viele Bezugserzieher*innen können ihre Bezugskinder und deren Familien während der gesamten Kita-Zeit begleiten. Eine Erziehungspartnerschaft, die jahrelang gut und vertrauensvoll gestaltet wurde, kann einen großen Baustein in der Übergangszeit darstellen. Leider gibt es immer wieder personelle Veränderungen, die auch einen Wechsel der Bezugserzieher*innen verursachen können. In dem Fall ist es wichtig, dass eine gute Übergabe stattfindet und die Kinder und Eltern wissen, wer der*die neue Bezugserzieher*in ist. Kurze Gespräche zwischen Tür und Angel können Eltern dabei helfen, wiederholt Vertrauen aufzubauen. Dieses Vertrauen ist sehr bedeutend für den*die Übergangsbegleiter*in. Eine gezielte Übergangsbegleitung erhöht die Bildungschance der Kinder. Nachfolgend möchte ich Ihnen Impulse für Interaktionen zwischen Bezugserzieher*innen und Eltern geben.

Literatur-Ausleihkiste für Eltern

Zielsetzung: Unterstützung der Eltern mit einem Ratgeber-Ausleihservice.

Material:

- Bücher für die Eltern zu den Themen „Übergang“, „Schule“, „Hausaufgaben“, „Entspannungsmethoden“ und „Bastelideen für Kinder“
- leere Box oder Kiste, in die die Bücher passen
- Papier, Stift, Schere, Klebestreifen oder Klebstoff

Vorbereitung: Es gibt viele Ratgeber rund um das Thema „Übergang“. Schaffen Sie mit Ihrem Team gemeinsam Bücher an, die Sie für hilfreich und sinnvoll für die Eltern erachten, und stellen Sie diese für die Eltern zum Ausleihen in der Kita bereit.

Durchführung: Beschriften Sie eine Box und legen Sie die Ratgeber für die Eltern hinein. Überlegen Sie sich im Team, bei wem die Bücher ausgeliehen werden können und für welchen Zeitraum. Legen Sie gemeinsam fest, wie Sie die Eltern darüber informieren möchten. Erstellen Sie auch eine Literaturliste für die Eltern.

Austausch und Gespräche mit den Eltern

Zielsetzung: Den Fokus auf die Übergangszeit richten und mit Eltern im Dialog sein: Eltern und Kinder sollen im Übergang gestärkt und Ressourcen sollen gesucht und entdeckt werden.

Material:

- Kopiervorlagen *„Briefvorlage"* (S. 87) und *„Blume der Schulbereitschaft"* (S. 29 und 121)

Vorbereitung: Laden Sie die Eltern mit einem Elternbrief zu einem Gespräch ein. Suchen Sie dafür einen geeigneten Termin. Eine Briefvorlage für das Einladungsschreiben finden Sie auf der Folgeseite. Reflektieren Sie anhand der ausgefüllten *„Blume der Schulbereitschaft"* (S. 29) die Stärke des Kindes. Legen Sie Schwerpunkte für die Bildungsimpulse fest. Kopieren Sie aus dem Kapitel 5 die *„Blume der Schulbereitschaft für die Kinder"* (S. 121) und erstellen Sie vor dem Austausch mit den Eltern eine Selbsteinschätzung mit dem Kind. Kopieren Sie diese Selbsteinschätzung und nehmen Sie sie mit in das Elterngespräch.

Durchführung: Begrüßen Sie die Eltern und bieten Sie ihnen einen bequemen Platz zum Sitzen an. Signalisieren Sie ihnen, dass Sie sehen, welche Bedeutung die Übergangszeit sowohl für die Eltern als auch für die Kinder hat, und dass Sie Ihnen gern zur Seite stehen.
Sprechen Sie über die Ziele Ihrer Einrichtung in der Übergangszeit und laden Sie die Eltern zum Dialog ein, wie sie die Schulbereitschaft ihres Kindes einschätzen und erleben. Nehmen Sie dazu eine Blanko-Vorlage der *„Blume der Schulbereitschaft"* (S. 29). Gehen Sie mit den Eltern die Bereiche der Blume durch und tauschen Sie sich aus. Welche Stärke hat das Kind schon entwickelt? Welche Bildungsimpulse hat es in den nächsten Monaten noch für seine Entwicklung nötig? Sprechen Sie über konkrete Ideen, wie Sie das Kind in der Einrichtung stärken und welche Möglichkeiten die Eltern haben, ihr Kind zu Hause weiter zu fördern.
Zeigen Sie im Anschluss den Eltern die ausgefüllte Selbstreflexion des Kindes (S. 121), denn auch dort lässt sich eventuell noch Bedarf zur Förderung von bestimmten Bildungsbereichen entdecken.

Liebe Familie .... ,

für Sie und Ihr Kind beginnt ein spannendes und ereignisreiches Jahr. Ihr Kind wurde bei uns vor ein paar Jahren eingewöhnt und nun befindet es sich in der Übergangsphase von der Kita in die Grundschule. Die Übergangszeit wird von Kindern sehr unterschiedlich erlebt und bewältigt. Sie brauchen dabei gute Wegbegleiter*innen.

Sehr gern möchten wir Ihr Kind .... gemeinsam mit Ihnen im Übergang begleiten und stärken. Dazu bieten wir Ihnen persönliche Austauschmöglichkeiten an und möchten Sie herzlich zu einem Gespräch einladen!

Folgende Themen stehen dabei im Fokus:

- Wie erleben Sie Ihr Kind in der Übergangsphase?
- Wie erleben wir in der Kita Ihr Kind in der Übergangsphase?
- Welche Stärke hat Ihr Kind entwickelt?
- Wo braucht Ihr Kind noch Impulse für die Entwicklung?
- Wie möchten Sie Ihr Kind unterstützen?
- Wie können wir in der Kita Ihr Kind für den Übergang stark machen?
- Offene Fragen?

Wir finden gern einen für Sie passenden Termin. Kommen Sie einfach auf uns zu.

Es freut sich auf den gemeinsamen Austausch,

....

Bezugserzieher*in Ihres Kindes

Schulentdecker-Fragenbox für Eltern

Zielsetzung: Offene Fragen der Eltern erfahren und beantworten, um die Eltern in der Übergangsbegleitung stärken zu können. Dadurch kann auch die Gemeinschaft der Eltern gefördert werden, da sie feststellen, dass sie mit ihren Fragen nicht allein sind.

Materialien:

- Schuhkarton mit separatem Deckel
- Klebefolie oder Geschenkpapier mit Klebstoff
- Schere und Stifte
- Kopiervorlage *„Schulentdecker-Fragenbox für Eltern"* (S. 89)

Vorbereitung: Schneiden Sie in den Deckel des Schulkartons einen Einwurf-Schlitz für die Fragebögen (ca. 2 cm x 15 cm). Beschriften Sie die Box mit dem Text: „Schulentdecker-Fragenbox für Eltern". Kopieren Sie die Vorlage für jede Übergangsfamilie einmal und auch weitere Exemplare zum Auslegen. Legen Sie im Vorfeld im Team folgende Punkte fest:

- Wo kann die Fragenbox aufgestellt werden?
- In welchen Zeitraum soll die Fragenbox angeboten werden? Über die gesamte Übergangszeit oder vor einem Elternabend?
- Wer ist im Team verantwortlich für die Fragenbox?
- Wer beantwortet die Fragen?
- Gibt es vielleicht Eltern mit Übergangserfahrung, die die Fragen mitbeantworten könnten?
- Wo sollen die Antworten veröffentlicht werden? In einem Aushang, in einem Informationsordner oder an einem Elternabend?

Durchführung: Treffen Sie sich mit den Übergangskindern in einem Sitzkreis und stellen Sie die „Schulentdecker-Fragenbox für Eltern" vor. Lassen Sie die Kinder vermuten, welche Fragen ihre Eltern aktuell haben könnten. Erklären Sie ihnen, dass ihre Eltern nun auch eine Möglichkeit haben, Fragen rund um die Themen „Schule" und „das letzte Kita-Jahr" anonym zu stellen. Zeigen Sie den Kindern, wo die Box für die Eltern aufgestellt wird. Die Kinder dürfen sie ihren Eltern zeigen. Geben Sie jedem Kind eine Vorlage für die Fragenbox mit nach Hause, damit die Eltern wissen, wie sie die Box nutzen können.

SCHULENTDECKER-FRAGENBOX FÜR ELTERN – FRAGEBOGEN

Liebe Eltern der zukünftigen Schulkinder,

eine spannende Zeit hat begonnen! Im letzten Kita-Jahr gibt es immer wieder Fragen, die den Übergang zur Grundschule betreffen. Gern können Sie dazu auch unsere Fragenbox nutzen. Zögern Sie nicht! Ihre offenen Fragen sind uns wichtig!

So funktioniert es:

Sie schreiben Ihre Frage auf diese Vorlage und werfen sie in die Fragenbox hinein. Sie können die Fragen ganz anonym, ohne Namen, stellen. Wir beantworten die Fragen schriftlich und veröffentlichen ausschließlich nur die Antworten. Selbstverständlich auch anonym ohne Angabe der Namen.

Ihre Frage(n)

....

....

....

....

....

....

....

....

....

....

....

Offenes Traumschultüten-Atelier für Eltern

Wenn Sie das Angebot für Kinder „Schultüten-Atelier“ durchgeführt haben, dann haben die Kinder bereits Entwürfe für ihre Schultüten. Nun können diese Traumschultüten im Rahmen eines offenen Elterncafés in Ihrer Einrichtung erstellt werden. Das Angebot richtet sich an Eltern, die die Schultüten mit ihren Kindern selbst herstellen möchten.

Zielsetzung: Vorbereitung auf die Einschulung, Förderung des Selbstbewusstseins der Kinder, Stärkung der Erziehungspartnerschaft und Austauschmöglichkeiten für Eltern.

Materialien:

- Bastelbücher für Schultüten
- Schultütenfotos und Kataloge als Muster
- Bastelmaterial für Schultüten und Werkzeug
- Schultütenrohling ohne Muster
- Getränke

Vorbereitung: Legen Sie verschiedene Termine für das offene Traumschultüten-Atelier fest und laden Sie die Eltern dazu ein. Am besten mit einer Anmeldeliste, damit Sie wissen, wie viele Personen kommen werden, und die passenden Materialien besorgen können. Bereiten Sie einen Bereich mit Getränken und einen Bereich für das Basteln vor. Sorgen Sie dafür, dass alle Materialien, die benötigt werden, bereitliegen.

Durchführung: Treffen Sie sich mit den Eltern und ihren Kindern am Basteltisch. Nun dürfen die Kinder ihre eigenen Entwürfe mit den Eltern anschauen und gemeinsam planen, wie sie beim Basteln vorgehen wollen. Schritt für Schritt werden dann zusammen die Schultüten gebastelt und gestaltet.

Come-Together-Veranstaltung „Stark im Übergang"

Zielsetzung:

Niederschwelliges und unverbindliches Angebot für Eltern schaffen, die Interesse haben, sich über die Übergangsthemen auszutauschen oder sich in dem Bereich unterstützend einzubringen.

Materialien:

- Kopiervorlage *„Mindmap für Thementische"* (S. 92)
- Flipchart-Bögen und dicke Filzstifte
- Kreppklebeband zum Aufhängen der Flipchart-Bögen
- Spiele, Materialien und Bücher für die Zielgruppe
- evtl. einen Wecker

Vorbereitung:

Wählen Sie im Vorfeld gemeinsam im Team die Themen für die Veranstaltung aus. Berücksichtigen Sie hierbei die jeweilige Elterngruppe und nehmen Sie bei Bedarf auch Bezug auf die Fragen aus der Fragenbox. Laden Sie die Eltern zur Veranstaltung ein. Bereiten Sie die Thementische vor. Jeder Thementisch wird mit einem Thema gut sichtbar beschriftet. Sie finden nachfolgend auch eine Mindmap als Ideensammlung für die Thementische. Legen Sie auf jeden Tisch einen Flipchart-Bogen mit dicken Filzstiften bereit.

Durchführung:

Begrüßen Sie die Eltern nach der Ankunft. Stellen Sie ihnen die einzelnen Thementische vor. Teilen Sie die Eltern nach einem Zufallsprinzip in Kleingruppen ein, damit bei jedem Tisch Gespräche und Austausch über die Themen stattfinden können.
Lassen Sie die Eltern jeweils mit ihrer Gruppe zu einem Tisch gehen. Alle 10–15 Minuten werden die Tische gewechselt. Die Eltern können zum Thema des Tisches Fragen stellen oder Ideen und Tipps auf die Flipchart-Bögen schreiben. Jede Gruppe soll jeden Tisch einmal besucht haben. In einer Abschlussrunde werden die Flipchart-Bögen zu den Themen aufgehängt und gemeinsam reflektiert.
Moderieren Sie die komplette Veranstaltung so, dass eine lockere Atmosphäre entsteht. Wenn Sie darüber hinaus gemeinsam mit den Eltern Getränke, wie Kaffee oder Tee, organisieren, entsteht schneller eine ungezwungene und gesprächige Atmosphäre, in der sich alle Beteiligten wohlfühlen.

COME TOGETHER „STARK IM ÜBERGANG" – MINDMAP FÜR THEMENTISCHE

THEMENTISCH 1

Spielmaterialien für die Übergangsphase

Material:
verschiedene Spiele der Einrichtung

Austausch über Spiele

THEMENTISCH 4

Erstklässler*innen begleiten/ in der Schule ankommen

Erfahrungen?
Fragen?

THEMENTISCH 2

Schulanmeldung, Einschulung, die erste Schulwoche

Erfahrungen?
Fragen?

THEMENTISCH 3

Übergang erleben und begleiten

Was hilft?
Was fällt schwer?
Was fällt leicht?
Wie erlebe ich das Jahr?
Wie erlebt mein Kind das Jahr?

BAUSTEIN 3: KOOPERATIONSIDEEN MIT DER GRUNDSCHULE UND SCHULSOZIALARBEIT

Die Gestaltung der Kooperationsarbeit mit der Grundschule und Schulsozialarbeit ist ein zentrales Element in der Übergangszeit. Hierbei basiert die Kooperationsarbeit mit der Grundschule vor allem auf den geteilten pädagogischen Grundlagen. Sie findet an regelmäßigen Terminen statt. Ihre Zielsetzung liegt auf der Stärkung der Schulbereitschaft der Kinder.

Im Gegensatz dazu hat die Kooperationsarbeit mit der Schulsozialarbeit eher den Schwerpunkt im sozial-emotionalen Bereich der Kinder. Auch das gute „Ankommen" in der Grundschule ist hier ein wichtiger Aspekt. Die Schulsozialarbeit hat an vielen Schulen im Alltag eine sehr bedeutende Rolle für die Kinder. Deshalb ist es wesentlich, dass die Übergangskinder und deren Eltern sie auch kennenlernen. Die frühzeitige Vernetzung der Kitas mit der Schulsozialarbeit kann sich sehr positiv auf die Begleitung der Kinder in der Grundschule auswirken.

Bei diesem Baustein ist es wesentlich, zu beachten, dass die Grundschule, die Schulsozialarbeit und die Kitas jeweils individuelle Konzepte, Leitbilder und Arbeitsschwerpunkte haben. Auch die Strukturen der einzelnen Beteiligten sind unterschiedlich. Diese Fakten müssen bei der Entwicklung der Kooperationsideen berücksichtigt werden. Es ist wegweisend, die Angebote gemeinsam zu entwickeln. Dafür können Sie der nachfolgenden *Abbildung* sinnvolle Arbeitsschritte entnehmen.

Gemeinsamer Kooperationsflyer für die Eltern

Zielsetzung: Die wesentlichsten Informationen über die Kooperationsarbeit werden in einem Flyer festgehalten und an die Übergangsfamilien weitergegeben. Hierfür: Erstellung eines Überblicks für die Eltern, der die Kooperationsarbeit zwischen Kita, Grundschule und Schulsozialarbeit aufzeigt. Damit soll die Kooperationsarbeit aufgewertet werden.

Materialien:

- Texte der Kooperierenden zu ihren Einrichtungen und Zielen in der Kooperationsarbeit
- Grafik-Programm, mit dem ein Flyer erstellt werden kann

Vorbereitung: Nachdem Sie Ihre Kooperationsziele, Kooperationsbausteine und eine Jahresplanung festgelegt haben, können Sie gemeinsam überlegen, ob jede Institution einen Teil des Flyers selbst gestalten möchte.

Durchführung: Legen Sie fest, welche Inhalte Ihrer Kooperationsarbeit Sie in den Flyer aufnehmen möchten. Erstellen Sie die Texte und besprechen Sie nochmals gemeinsam, ob die Inhalte von allen Institutionen getragen werden können.
Legen Sie zusammen fest, wann und auf welchem Weg Sie die Flyer an die Eltern herausgeben möchten.

Inhalte für die Flyer könnten sein:

- Miniporträts der Einrichtungen
- Ziele der Kooperationsarbeit
- Bausteine der Kooperationsarbeit
- Jahresüberblick
- Kontaktdaten und Ansprechpersonen

Besuche der Kooperationslehrkräfte in der Kita

Einer der wichtigsten Bausteine der Kooperationsarbeit sind Besuche der Kooperationslehrkräfte in der Kita. Diese Einheiten werden von Schule zu Schule individuell gestaltet. Für die Übergangskinder spielen diese Besuche eine zentrale Rolle. Sie lernen erste Lehrkräfte aus ihrer neuen Grundschule kennen und dürfen bei den Kontakten in die Rolle eines Schulkindes schlüpfen. Besonders empfehlenswert ist auch ein Besuch der Grundschule im Rahmen der Kooperation. Dabei können die Übergangskinder erste Kontakte zu anderen Schulkindern und Lehrkräften knüpfen und sich im Schulgebäude orientieren.

Projektwoche „Schule"

Im letzten Kita-Halbjahr wird für die Kinder das Thema „Schule" deutlich bedeutender. Es ist nun für sie zeitlich eher einschätzbar, wann sie in die Schule kommen. Sie werden zunehmend neugieriger.

Zielsetzung: Kinder gezielt auf die Schule vorbereiten: Sie lernen ihre zukünftige Schule kennen und werden auf ihre Rolle als Schulkind vorbereitet.

Materialien:

- Fotoapparat und evtl. Drucker, mit dem die Fotos direkt in der Kita ausgedruckt werden können
- Tonkarton für die Wandzeitung, Schere, Klebstoff und Stifte

Vorbereitung: Führen Sie mit den Kindern eine Themensammlung für die Projektwoche „Schule" durch. Alles, was die Kinder über die Schule wissen möchten, kann zusammengefasst werden. Stimmen Sie gemeinsam die Themenblöcke demokratisch ab. Sprechen Sie mit der Kooperationslehrkraft über diese Themensammlung und prüfen Sie dabei die Themenblöcke, die zusammen mit der Schule umgesetzt werden können. Wenn eine gemeinschaftliche Umsetzung nicht möglich ist, dann suchen Sie nach Alternativen.

Durchführung: Lassen Sie die Kinder auch bei der Planung, Umsetzung und Dokumentation der Projektwoche mitwirken. Fertigen Sie dabei Fotos an. Erstellen Sie dann z. B. für jeden Projekttag ein Plakat mit den Fotos.

Kinderkonferenz der Kita-Kinder und Erstklässler*innen

Berufen Sie eine Kinderkonferenz mit Erstklässler*innen und Ihren Übergangskindern ein. Das ist eine sehr schöne Aktion vor den Sommerferien bzw. im Rahmen der Abschlussfeier der Übergangskinder.

Zielsetzung: Kontakt von Kita-Kindern mit Erstklässler*innen, Austausch mit ihnen über den Schulalltag, Bericht der Erstklässler*innen von ihren Erfahrungen als „Neulinge" in der Grundschule: Im Rahmen der Kinderkonferenz sind sie nun die „Erfahrenen" und können ihr Wissen über die Schule weitergeben.

Materialien:

- evtl. Notizblock/großes Blatt Papier und Stift für das Festhalten der Themen

Vorbereitung: Besprechen Sie mit der Schule die Idee einer übergreifenden Kinderkonferenz. Legen Sie Ort, Zeit und Raum dafür fest. Ein Platz in der Schule wäre ideal für die Kinderkonferenz. Als Vorbereitung überlegt sich jedes Kita-Kind eine Frage zum Thema „Schule". Die Erstklässler*innen können sich vorab einen Tipp für den Schulalltag überlegen.

Durchführung: Treffen Sie sich mit den Erstklässler*innen. Bilden Sie mit den Kindern einen Sitzkreis. Die Kinder können sich abwechselnd hinsitzen, erst ein Kita-Kind, dann ein Schulkind usw. Achten Sie jedoch darauf, womit sich die Kinder am wohlsten fühlen. Moderieren Sie die Kinderkonferenz an. Erklären Sie der Gruppe, warum sie sich hier treffen und wie die Kinderkonferenz ablaufen wird. Lassen Sie zu Beginn erst die Kita-Kinder ihre Fragen stellen. Die Schüler*innen dürfen versuchen, diese zu beantworten. Danach können die Schüler*innen ihre Tipps und Empfehlungen an die Kita-Kinder weitergeben.

Patenschaften zwischen Kindern der Schule und Kita

Patenschaften innerhalb der Grundschule zu Beginn eines neuen Schuljahres sind häufige Praxis. Grundschulkinder können jedoch schon in der Übergangszeit Patenschaften für Kita-Kinder übernehmen. Es bietet sich hier bereits die Bildung einer Patenschaft im Klassen- bzw. Gruppenverband an. Diese kann zum Vorläufer für eine spätere Patenschaft nach der Einschulung zwischen den Übergangskindern und den Schulkindern werden. Vorteil dabei ist, dass sich die Kinder dann längst kennen.

Bilden Sie erst Patenschaften ab der Klassenstufe 2. Erstklässler*innen sind noch stark mit dem eigenen Ankommen im ersten Schuljahr beschäftigt.

Zielsetzung: Kita-Kinder lernen ältere Schüler*innen aus der zukünftigen Grundschule kennen, damit ihnen der Übergang erleichtert wird. Schüler*innen erweitern ihre Sozialkompetenzen und sind sensibilisiert für die „Neuankömmlinge".

Vorbereitung: Beraten Sie sich mit der Schule über mögliche Patenschaften. Legen Sie Vorgehensweise und Regeln hierfür fest. Stellen Sie *„Ausweise"* (S. 98), *„Urkunden"* (S. 99–100) und ein *„Informationsblatt"* (S. 101) aus.

Durchführung: Kita-Kinder, Schüler*innen und deren Eltern werden über die Patenschaft informiert. Klären Sie alle im Rahmen einer Veranstaltung über die Ziele der Patenschaften auf. Planen Sie gemeinsame Aktionen mit den Patenklassen ein. Legen Sie Ideen und Aufgabenbereiche fest, wie die Patenschaft schrittweise ausgestaltet werden kann. Notieren Sie im *„Informationsblatt"* (S. 101) die Ergebnisse. Bedenken Sie, dass bei Einzelpatenschaften die Freiwilligkeit sehr wichtig ist. Die Kinder sollen selbst entscheiden, ob sie als „Patenkind" agieren. Eine *„Urkunde"* (S. 99–100) visualisiert ihnen diese.

Erstellen Sie für jedes Patenkind einen *„Ausweis"* (S. 98), laminieren Sie diese und lassen Sie die Kinder sie in den ersten Schulwochen tragen. Die Erstklässler*innen können ihre Paten so als Ansprechperson erkennen. Beachten Sie die Datenschutzrichtlinien und holen Sie sich ggf. die Einwilligung der Eltern ein.

PATENSCHAFT – AUSWEIS

PATENSCHAFTSAUSWEIS

im Rahmen der Kooperation zwischen Kita und Grundschule

 **Name:**

....

PATENSCHAFTSAUSWEIS

im Rahmen der Kooperation zwischen Kita und Grundschule

 **Name:**

....

PATENSCHAFTSAUSWEIS

im Rahmen der Kooperation zwischen Kita und Grundschule

 **Name:**

....

PATENSCHAFTSAUSWEIS

im Rahmen der Kooperation zwischen Kita und Grundschule

 **Name:**

....

PATENSCHAFTSAUSWEIS

im Rahmen der Kooperation zwischen Kita und Grundschule

 **Name:**

....

PATENSCHAFTSAUSWEIS

im Rahmen der Kooperation zwischen Kita und Grundschule

 **Name:**

....

PATENSCHAFT – URKUNDE KLASSE/GRUPPE

PATENSCHAFTSURKUNDE

im Rahmen der Kooperation zwischen Kita und Grundschule

Patenklasse: ....

Patengruppe: ....

Stempel der Schule	*Stempel der Kita*

....

Unterschrift der Schulleitung *Unterschrift der Kita-Leitung*

PATENSCHAFT – URKUNDE SCHÜLER*IN/ERSTKLÄSSLER*IN

PATENSCHAFTSURKUNDE

im Rahmen der Kooperation zwischen Kita und Grundschule

Patenschüler*in: ....

Erstklässler*in: ....

Stempel der Schule

....

Unterschrift der Schulleitung

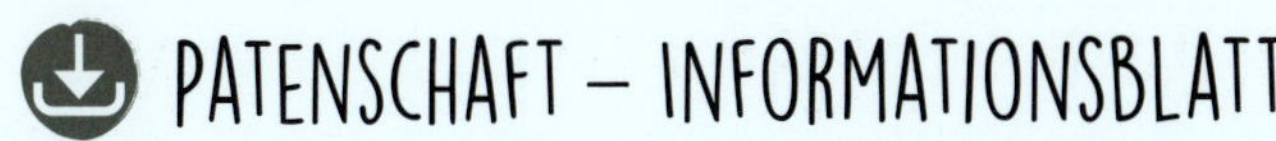

PATENSCHAFT – INFORMATIONSBLATT

UNSERE PATENSCHAFT

im Rahmen der Kooperation zwischen Kita und Grundschule

Informationen über die Patenschaft für Pat*innen in der Schule	Informationen über die Patenschaft für Kita-Kinder oder Erstklässler*innen

Gemeinsame Aktionen mit Schüler*innen und Kita-Kindern

In der Jahresplanung können gemeinsame Aktionen zwischen Grundschule und Kita an verschiedenen Stellen berücksichtigt werden. Vielleicht gibt es Veranstaltungen, Exkursionen, Schul- oder Kita-Projekte, die auch zusammen gestaltet werden können. Tauschen Sie sich darüber mit der kooperierenden Schule aus. Miteinander singen, musizieren, bewegen, feiern, lesen oder gestalten stärkt die Kooperation und ermöglicht einen guten Übergang.

Elterninformationsabend in der Grundschule mit allen Kitas aus dem Einzugsgebiet

Im Rahmen der Kooperationsarbeit können auch alle Kitas im Einzugsgebiet gemeinsam mit der Grundschule einen Elternabend für die Übergangsfamilien gestalten. Die Eltern haben dabei die Möglichkeit, sich zu informieren, und die Einrichtungen können sich im Rahmen der Kooperationsarbeit mit der Grundschule mit anderen Kitas vernetzen.

Kennenlernen von Fachkräften der Schulsozialarbeit und Kita

Die Schulsozialarbeit spielt gerade bei den Kindern eine wichtige Rolle, die es eventuell bereits im Übergang nicht ganz leicht hatten. Bei diesen Kindern haben häufig auch die Eltern mehr Unterstützungsbedarf. Daher ist es von Bedeutung, dass Sie als pädagogische Fachkräfte in der Kita informiert sind, was die Schulsozialarbeit in der Schule anbietet und wer die Ansprechpersonen sind. Nur so können Sie die Familien über das Angebot ausreichend informieren. Beachten Sie aber, dass andersherum jedoch ohne Einwilligung keine personenbezogenen Daten oder Informationen an die Schulsozialarbeit weitergeben werden dürfen.

Laden Sie die Schulsozialarbeit zu einer Ihrer Teamsitzungen ein. Informieren Sie sich gemeinsam über Ihre Aufgaben und Angebote und erarbeiten Sie eine Leitlinie für Ihr Vorgehen in der Kita. Fragen Sie auch nach Informationsmaterialien über die Schulsozialarbeit für die Eltern.

Kennenlern-Aktion der Schulsozialarbeit für Kita-Kinder

Die meisten Kita-Kinder wissen nicht, was Schulsozialarbeit ist und was diese vor Ort anbietet. Der Einsatz der Schulsozialarbeit ist an den Grundschulen sehr unterschiedlich. So lassen sich Angebote wie z. B. Sprechstundenzeiten, aber auch Pausenbegleitungen finden. Nehmen Sie Kontakt auf und erfragen Sie, welche Möglichkeiten die Schulsozialarbeit für eine Kooperation mit Ihrer Einrichtung hat. Sollte eine Kennenlern-Aktion nicht realisierbar sein, dann versuchen Sie, den Kindern ein Bild über die Schulsozialarbeit zu vermitteln. Vielleicht hat die Schulsozialarbeit auch für Kinder eine Broschüre. Für eine Aktion mit der Schulsozialarbeit müssen Sie die Einwilligung der Eltern haben, dass die Kinder daran teilnehmen dürfen.

BAUSTEIN 4: KOOPERATIONSIDEEN MIT DER GANZTAGSBETREUUNG DER GRUNDSCHULE

Die Ganztagsbetreuung spielt im Schulalltag eine wichtige Rolle. Viele Kinder nutzen schon im ersten Schuljahr die Ganztagsbetreuung. Auch hier ist für sie einiges neu: Betreuungskräfte, Räumlichkeiten und Strukturen. Diese können im Rahmen einer Kooperation von Kita und Grundschule im Vorfeld der Einschulung bereits kennengelernt werden. Die Kinder erhalten damit die Möglichkeit, die pädagogischen Fachkräfte der Ganztagsbetreuung kennenzulernen, ihnen Fragen zu stellen und sich mit der Umgebung schon vor dem Schuleintritt vertraut zu machen.

Ganztagsbetreuung-Entdeckertour

Gehen Sie auf die Ganztagsbetreuung der Schule zu und vernetzen Sie sich mit dieser. Viele Familien werden die Ganztagsbetreuung in Anspruch nehmen und haben vorab einige Fragen zu Aufnahme, Ablauf und Zeiten. Sie können von einer Entdeckertour profitieren. Auch die Übergangskinder werden das tun. Nutzen Sie ihre Neugier im Übergang und ihre Freude, alles Neue zu entdecken.

Zielsetzung: Kinder sollen die Räumlichkeiten und Spielmaterialien der Ganztagsbetreuung spielerisch entdecken, die Betreuungskräfte kennenlernen und den Tag dokumentieren. Auch die Betreuungskräfte der Ganztagsbetreuung haben dadurch die Möglichkeit, die Kinder kennenzulernen und sie ein stückweit auf die bevorstehende Schulzeit vorzubereiten.

Materialien:

- Kopiervorlage „*Entdeckerpass*" (S. 105)
- Fotoapparat
- Stift, Schere und Klebstoff

Vorbereitung: Legen Sie mit der Ganztagsbetreuung einen Termin und den Ablauf für die Entdeckungstour fest. Bereiten Sie die Kinder auf die Tour vor.

Durchführung: Stellen Sie den Kindern den „*Entdeckerpass*" (S. 105) vor Beginn der Tour vor. Jedes Kind bekommt einen eigenen Pass. Füllen Sie ihn direkt vor Ort mit dem jeweiligen Kind aus. Fotografieren Sie die einzelnen Stationen, die die Kinder bei ihrer Erkundungstour mit der Ganztagsbetreuung in der Schule kennenlernen. Fertigen Sie von jedem Kind ein Foto mit dem Gebäude bzw. von dem Eingang der Ganztagsbetreuung an. Kleben Sie die Fotos später in der Kita mit den Kindern in ihren Entdeckerpass ein.

GANZTAGSBETREUUNG-ENTDECKERTOUR – ENTDECKERPASS

Mein Name:

....

....

Das bin ich vor der Ganztagsbetreuung:

Das hat mir im Außenbereich gut gefallen:

Diese Spielbereiche gibt es in der Ganztagsbetreuung:

Hier werden die Hausaufgaben erledigt:

Heute habe ich schon diese Betreuer*innen kennengelernt:

Spielenachmittage in den Schulferien

Zielsetzung: Übergangskinder der Kita lernen Schüler*innen in der Ganztagsbetreuung der Schule kennen. Nach ihrer ersten Erkundungstour machen sie sich bei einem Spielnachmittag mit der Ganztagsbetreuung tiefgreifender vertraut.

Vorbereitung: Fragen Sie in der Ganztagsbetreuung an, ob Sie mit den Übergangskindern in den Ferienzeiten am Nachmittag zum Spielen vorbeikommen dürfen.

Durchführung: Es soll in der Ganztagsbetreuung gar nicht viel für den Besuch der Kita-Kinder vorbereitet werden. Vielmehr geht es darum, dass sich die Übergangskinder mit den Kindern der Schule, Räumlichkeiten und Betreuungskräften vertraut machen können.

Gemeinsames Frühstück im Essensraum der Schule

Zielsetzung: Kita-Kinder lernen bei einem gemeinsamen Frühstück den Essensraum in der Schule kennen. Die Mitarbeitenden dort haben häufig ein großes Interesse daran, dass sich Abläufe und Regeln auch bei den Erstklässler*innen schnell einspielen.

Vorbereitung Nehmen Sie Kontakt mit der Leitung des Essensraumes auf. Fragen Sie, ob die Übergangskinder den Raum besichtigen und im Anschluss dort frühstücken dürfen. Sprechen Sie sich ab, ob für das Frühstück eine Ansprechperson am Vormittag vor Ort sein kann. Falls dies nicht umgesetzt werden kann, lassen sich andere Möglichkeiten des Kennenlernens finden. Beispielweise am Tag der offenen Tür, an dem die Eltern mit ihren Kindern zu Besuch kommen können.

Baustein 5: Vernetzungsideen mit weiteren Institutionen

Die Vernetzung der Einrichtung kann sehr wertvolle Bildungsimpulse für die Kinder ermöglichen und positive Effekte im Bereich Elternarbeit auslösen. Gerade die Übergangszeit von der Kita in die Grundschule kann aus der Vernetzungsarbeit mit anderen Institutionen profitieren.

Vernetzung mit der Bibliothek

Bibliotheken werden in der Grundschulzeit gern von Schulklassen und Schüler*innen besucht. Sie stellen eine wichtige Grundlage der Lesemotivation und -förderung dar. Die Vernetzung mit der Bibliothek ist somit ein relevanter Baustein in der Übergangsphase.

Häufig bieten Bibliotheken für die Übergangskinder Bibliotheksführerscheine, Bilderbuchkinos oder Vorleseveranstaltungen an. Diese Angebote motivieren die Kinder zum Lesenlernen. Nutzen Sie schon im Übergang die Ressourcen der Bibliothek und unterstützen Sie damit Übergangskinder und Eltern.

Folgende Ideen können in der Übergangszeit in Kooperation mit einer Bibliothek umgesetzt werden:

- **Bücherausleihe:** Bücher für den „Schulentdecker-Raum" regelmäßig ausleihen
- **Medienausleihe:** Spiele und digitale Medien für den „Schulentdecker-Raum" ausleihen
- **Literaturübersicht:** Liste mit Literaturempfehlungen zu den Themen „Übergang", „Einschulung", „Hausaufgaben" in der Einrichtung für Kinder und Familien aushängen
- **Themenbox oder Thementisch:** Sammlung an Büchern/Medien rund um das Thema „Übergang" in der Bibliothek gebündelt an einer Stelle präsentieren und die Kinder/Eltern darüber informieren
- **Aktionstag:** Themenbox oder Thementisch können auch im Rahmen eines Aktionstages in der Bibliothek eingerichtet werden.

Versuchen Sie längerfristig, eine feste Kooperation mit der Bibliothek in der Nähe Ihrer Kita aufzubauen und das Schwerpunktthema „Übergang und Übergangsbegleitung" dort in den Mittelpunkt zu rücken.

Kooperationen mit gemeinnützigen Vereinen

Vereine bilden wichtige Komponenten des gesellschaftlichen Lebens des Wohnortes ab. Die wertvollen Angebote des Vereinslebens vermitteln nicht nur Wissen und Fähigkeiten, sie stärken Persönlichkeiten und die Gemeinschaft im Ort. Es ist empfehlenswert, sich über die Angebote der vorhandenen Vereine zu informieren und Vernetzungsmöglichkeiten zu suchen.

Kooperationen mit Institutionen in Kita-Nähe

Prüfen Sie die Angebote verschiedener Institutionen in der Nähe der Kita. Es gibt sicher viele Möglichkeiten, die für Ihre Zielgruppe im Übergang interessant sein können. Mit der nachfolgenden *Abbildung* können Sie einen Überblick über die Perspektiven der Kooperation gewinnen.

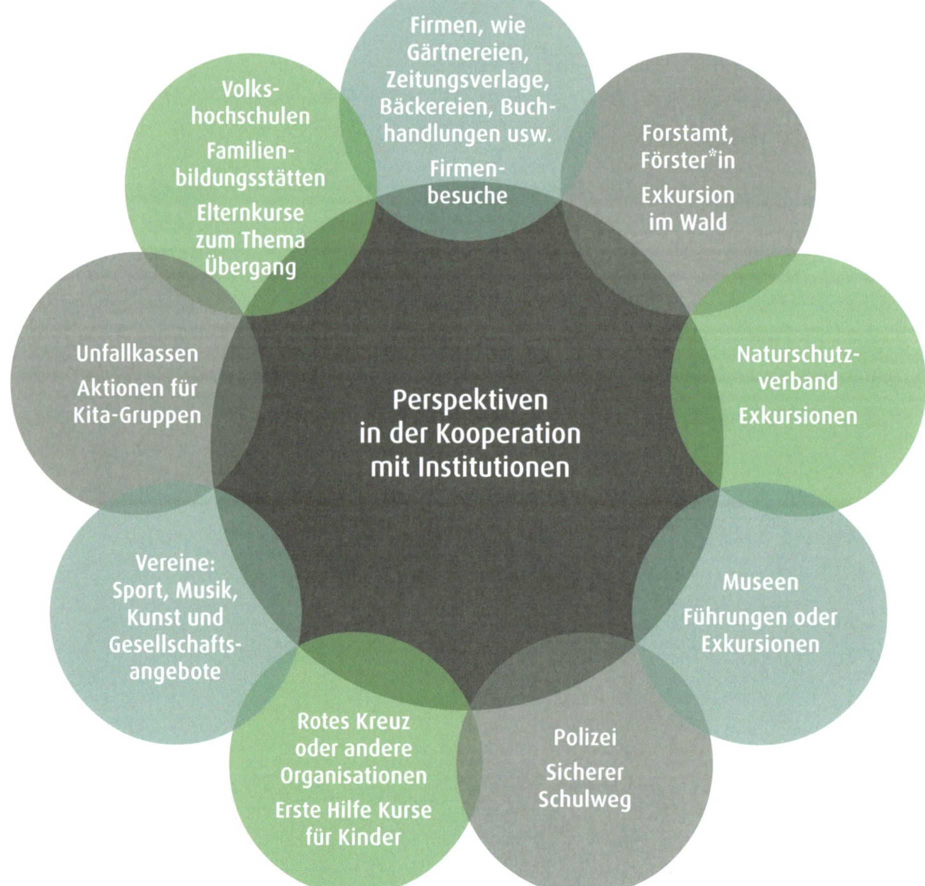

AUF DEN PUNKT GEBRACHT

Praxisideen für die Kooperation im Übergang

Baustein 1: Pädagogische Angebote und Umsetzungsideen in der Kita

- ✔ Fokus liegt auf Schulbereitschaft des Kindes
- ✔ Wünsche, Bedürfnisse, Ideen und Stimmen der Kinder fließen ein
- ✔ aktive Rolle der Kinder
- ✔ Partizipation der Kinder ermöglichen
- ✔ Stärken der Kinder sehen, schätzen und einsetzen
- ✔ Bildungsimpulse geben und Bedarf erkennen

Baustein 2: Erziehungspartnerschaft in der Übergangszeit

- ✔ Aufbau auf bereits gemeisterten Übergang in Eingewöhnung von Eltern und Bezugserzieher*in
- ✔ vertrauensvolle Erziehungspartnerschaft ermöglicht gute Übergangsbegleitung
- ✔ Impulse für Interaktionen der Erziehung für zu Hause geben
- ✔ Eltern stärken mit z. B.: Literatur, Austausch, Partizipation, Fragenbox, offenen Angeboten

Baustein 3: Kooperationsideen mit der Grundschule und Schulsozialarbeit

- ✔ Kooperation mit Grundschule basiert auf gemeinsamen pädagogischen Grundlagen, findet an regelmäßigen Terminen statt und hat wichtige Rolle im Übergang
- ✔ Schwerpunkt der Kooperation mit der Schulsozialarbeit liegt auf der sozial-emotionalen Entwicklung der Kinder
- ✔ Kennenlernen der Angebote der Schulsozialarbeit durch Kinder und Eltern vor Einschulung

Baustein 4: Kooperation mit der Ganztagsbetreuung der Grundschule

- ✔ Kooperation wesentlich, da nach der Einschulung viele Kinder Ganztagsbetreuung in Anspruch nehmen
- ✔ aktives und spielerisches Kennenlernen der Ganztagsbetreuung

Baustein 5: Vernetzungsideen mit weiteren Institutionen

- ✔ gute Vernetzung kann erfolgreiche Übergangszeit ermöglichen
- ✔ neue Ressourcen finden und aufbauen
- ✔ Synergieeffekte nutzen und damit Kinder, Familien und Kita-Team stärken

5

REFLEXION UND LEARNINGS AUS DER KOOPERATIONSARBEIT IM ÜBERGANG

GELINGENDES SEHEN, AUSSPRECHEN UND WEITERENTWICKELN

Richtung Ende des Übergangsjahres naht immer mehr der Abschied der Übergangskinder. Alle Kinder, Familien, Akteurinnen und Akteure haben viel geleistet. Häufig sieht man im Alltag gar nicht, wie viele gelungene Aktionen und Bildungseinheiten vom Team umgesetzt wurden. Erfolgreiche Aktionen lösen Glücksmomente aus. Teilen Sie mit Ihrem Team auch diese. Das kann gut als Einstieg in eine Teambesprechung eingebettet werden. Somit werden die Erfolge gemeinsam erlebt und können auch zusammen weiterentwickelt werden. Leider geraten nicht selten die positiven Erfahrungen in Vergessenheit. So weiß man häufig am Ende eines Kita-Jahres nicht mehr, was am Anfang des Jahres alles war. Halten Sie deshalb die gelungenen Handlungen, Aktionen oder erreichten Ziele fest. Diese Maßnahme ist für das Team ein Abschluss im aktuellen Übergang. Gleichzeitig ist es aber ein Start für das nächste Kita-Jahr. Zukünftige Übergangskinder und Übergangsfamilien, Ihr Team und alle Akteurinnen und Akteure sind in den Startlöchern, um sich im Übergang erneut stark zu machen.

Teambox „Stark im Übergang – Das ist uns/mir gelungen!"

Die Teambox ist im Prinzip genauso konzipiert wie die Schulentdecker-Fragenboxen für Kinder und Eltern (S. 69–70 und 88–89). Allerdings werden hier ausschließlich die gelungenen Aktionen mit der Übergangsbegleitung gesammelt. Die Teammitglieder sollen Gelingendes auf einem Blatt festhalten und in die Box einwerfen. Die Rückmeldungen müssen nicht mit Namen versehen werden. Kleben Sie die Box komplett zu, sodass diese während des Kita-Jahres nicht geöffnet werden kann.

Zielsetzung: Gelingendes soll festgehalten und mit wenig Aufwand dokumentiert werden.

Materialien:
- Schuhkarton mit separatem Deckel
- Klebefolie oder Geschenkpapier mit Klebstoff
- Schere und Stifte

Vorbereitung: Schneiden Sie in den Deckel des Schuhkartons einen Einwurf-Schlitz für die Rückmeldungen. Beschriften Sie die Box mit: „Teambox ‚Stark im Übergang – Das ist uns/mir gelungen!'". Platzieren Sie die Teambox im Besprechungsraum oder im Bürobereich Ihres Teams.

Durchführung: Stellen Sie die Teambox in einer Teamsitzung vor. Erläutern Sie, dass sie als Instrument für die Weiterentwicklung Ihrer Übergangsbegleitung und Kooperationsarbeit dient. Kleben Sie die Box zu. Am Ende des Kita-Jahres wird sie für die Reflexion als „Schatztruhe" geöffnet. Sie werden sehen, sie enthält wahre Schätze! In der Auswertungsrunde wird die Box als Einstieg „geschlachtet". Jedes Teammitglied darf nacheinander eine Rückmeldung vorlesen und diese an eine Pinnwand hängen. Sie wird als Reflexionsvorlage bei der Auswertung verwendet.

Gruppieren Sie die Rückmeldungen aus der Teambox nach Themen für die Auswertungsrunde.

AUSWERTUNG IM KITA-TEAM

Nach dem Einstieg mit der Teambox „Stark im Übergang – Das ist uns/mir gelungen!", konnten Sie gemeinsam das vergangene Übergangsjahr Revue passieren lassen. Nehmen Sie nun diese Informationen mit in die Gesamtauswertung.

Themenblöcke für die Gesamtauswertung

Einrichtung:

- Räumlichkeiten
- Ausstattung

Pädagogische Arbeit:

- Trägererwartungen/Leitbilder
- Profil/pädagogische Ausrichtung
- Bildungsmaterialien
- digitale Bildung
- Projektarbeit
- Bildungsimpulse/Freispiel
- Jahresplanung/Zeitressourcen

Team/Personal:
- Aufgabenverteilung
- Informationsmaterialien/Fachliteratur
- Fortbildungen
- Vertretungssituationen

Übergangskinder:
- Kinderinterviews
- Selbsteinschätzung mit der *„Blume der Schulbereitschaft"* (S. 121)

Erziehungspartnerschaft im Übergang:
- Elterngespräche
- Elternveranstaltungen
- Kommunikation
- Elternumfragen

Kooperation mit der Grundschule und Schulsozialarbeit:
- Kooperationseinheiten mit der Grundschule
- Kommunikationswege mit der Grundschule
- Jahresplanung mit der Grundschule
- Kooperation mit der Schulsozialarbeit

Kooperation mit der Ganztagsbetreuung:
- Kooperationseinheiten mit der Ganztagsbetreuung
- Besuch des Essensraumes

Kooperationen mit weiteren aktiv Beteiligten:
- Kooperationsveranstaltungen
- Austausch und Synergieeffekte

Partizipation der Fachkräfte, Kinder und Eltern:
- Kommunikation
- Transparenz

Nachfolgend finden Sie eine *Auswertungsvorlage* (S. 115–118) für den Austausch in Ihrem Kita-Team.

AUSWERTUNG IM KITA-TEAM – VORLAGE (1/4)

Datum: ....

Anwesend: ....

....

Entschuldigt: ....

....

Einrichtung:

- Waren Ihre Räume für die Zielgruppe und Veranstaltungen gut geeignet?

....

- Ist Ihre Ausstattung für die Übergangskinder anregend und entwicklungsfördernd?

....

- Das nehmen wir mit! Weiterentwicklung/Anpassungen/Ideen/Vorschläge:

....

....

Pädagogische Arbeit:

- Konnten Sie die Erwartungen des Trägers erfüllen?

....

- Konnten Sie Ihr Profil und die pädagogische Ausrichtung in die Kooperationsarbeit einbringen?

....

- Gibt es ausreichende Bildungsmaterialien für die Übergangskinder?

....

- Findet in irgendeiner Form Medienpädagogik statt?

....

- Ist es Ihnen gelungen, mit Ihrer Gruppe ein Projekt durchzuführen?

....

- Wie haben Sie Ihre Bildungsimpulse erlebt und umgesetzt?

....

AUSWERTUNG IM KITA-TEAM – VORLAGE (2/4)

- Konnten sich die Kinder mit dem Thema Schule während des Freispiels auseinandersetzen?

....

- Was konnte in der Jahresplanung gut umgesetzt werden?

....

- Waren Ihre Zeitressourcen ausreichend?

....

- Das nehmen wir mit! Weiterentwicklung/Anpassungen/Ideen/Vorschläge:

....

....

Teamentwicklung und Teambegleitung:

- Wie war die Aufgabenverteilung? Gab es Schwierigkeiten?

....

- Haben Sie ausreichende Informationsmaterialien und Fachliteratur zum Thema Übergang in der Einrichtung? Fehlen noch Bücher zu den Themen des Übergangs?

....

- Gibt es Bedarf an Fortbildungen?

....

- Wie hat die Kooperationsarbeit in den Vertretungssituationen funktioniert?

....

- Das nehmen wir mit! Weiterentwicklung/Anpassungen/Ideen/Vorschläge:

....

....

Übergangskinder:

- Welche Erkenntnisse konnten Sie aus den Kinderinterviews gewinnen?

....

- Wie hat es mit der Selbsteinschätzung der Kinder funktioniert?

....

- Brauchen Kinder mehr Bildungsmaterialien? Wenn ja, was?

....

AUSWERTUNG IM KITA-TEAM – VORLAGE (3/4)

- Haben Sie positive Veränderungen bei den Kindern festgestellt?

....

- Das nehmen wir mit! Weiterentwicklung/Anpassungen/Ideen/Vorschläge:

....

....

Erziehungspartnerschaft im Übergang:

- Wie waren die Elterngespräche?

....

- Wie haben Sie die Elternveranstaltungen erlebt?

....

- Ist Ihnen die Kommunikation mit den Eltern gut gelungen?

....

- Welche Erkenntnisse konnten Sie aus den Elternumfragen gewinnen?

....

- Das nehmen wir mit! Weiterentwicklung /Anpassungen/Ideen/Vorschläge:

....

....

Kooperation mit der Grundschule und Schulsozialarbeit:

- Wie waren die Kooperationseinheiten mit der Grundschule? Was hat sich bewährt?

....

- Konnten Sie gute Kommunikationswege mit der Grundschule finden?

....

- Ist Ihnen die Jahresplanung mit der Grundschule gelungen?

....

- Konnte eine Kooperation mit der Schulsozialarbeit aufgebaut/weitergeführt werden?

....

- Das nehmen wir mit! Weiterentwicklung/Anpassungen/Ideen/Vorschläge:

....

....

AUSWERTUNG IM KITA-TEAM – VORLAGE (4/4)

Kooperation mit der Ganztagsbetreuung:

- Wie waren die Kooperationseinheiten mit der Ganztagsbetreuung?

....

- Konnte ein Besuch der Mensa bzw. des Essensraums stattfinden?

....

- Das nehmen wir mit! Weiterentwicklung/Anpassungen/Ideen/Vorschläge:

....

....

Kooperationen mit weiteren Akteur*innen:

- Ist es Ihnen gelungen, Ihre Einrichtung mit weiteren Kooperationspartner*innen zu vernetzen?

....

- Das nehmen wir mit! Weiterentwicklung/Anpassungen/Ideen/Vorschläge:

....

....

Partizipation der pädagogischen Fachkräfte, Kinder und Eltern:

- Wie ist es Ihnen gelungen, die Partizipation umzusetzen?

....

- Was war gut?

....

- Was war eher schwierig?

....

- Das nehmen wir mit! Weiterentwicklung/Anpassungen/Ideen/Vorschläge:

....

....

AUSTAUSCH MIT DER GRUNDSCHULE

Nach der Teamauswertung ist es empfehlenswert, gemeinsam mit der Schule zu reflektieren und in den Austausch zu kommen. Wie lief die Kooperationsarbeit? Was muss neu angepasst werden? Wer kann welche Aufgaben übernehmen? In den Schulen gibt es strukturelle Veränderungen und gesetzliche Vorgaben. Diese haben auch auf die Kooperationsarbeit eine Auswirkung. Laden Sie deshalb die Schulkooperationskräfte zu einem Auswertungsgespräch. Besprechen Sie gemeinsam, was im neuen Übergangsjahr übernommen oder angepasst wird.

Füllen Sie im Vorfeld schon Ihre Punkte in der *Auswertungsvorlage* (S. 115–118) aus und bringen Sie sie zum Austausch mit. Besprechen und reflektieren Sie die gemeinsamen Themenblöcke und vereinbaren Sie einen Gesprächstermin für die anstehende Jahresplanung. Die Jahresplanung kann im Normalfall im neuen Schuljahr durchgeführt werden, wenn die Lehrkräfte ihre Stundenpläne haben. Daher ist es sinnvoll, die Austauschrunde erst im neuen Schuljahr gemeinsam mit der Jahresplanung zu terminieren.

Illustration: © HilaryDesign – Shutterstock.com

Kinder zu Wort kommen lassen

Gelingendes soll auch bei den Kindern gesehen werden. Dafür brauchen sie kontinuierlich Räume und Möglichkeiten – sowohl in der Kita als auch zu Hause. Sie haben bereits verschiedene Instrumente der Partizipation in Ihrer Gruppe eingesetzt. Nun stellt sich die Frage: Wie können Kinder in Ihrer Einrichtung ein vertrauliches Gespräch führen? Ziel ist es, dass Bedürfnisse und Selbsteinschätzungen gesehen und erfasst werden können. Denn diese Informationen zeigen uns, wo Kinder Bildungsimpulse benötigen.

Folgende drei Instrumente helfen Ihnen und den Kindern in der Übergangszeit:

Instrumente, um mit Kindern an ihren eigenen Themen zu arbeiten

1. **Selbsteinschätzungsinstrument *„Blume der Schulbereitschaft für Kinder"*:**
   Lassen Sie am Anfang des Kita-Jahres mit jedem Übergangskind in Einzelarbeit die *„Blume der Schulbereitschaft"* (S. 121) anmalen. Achten Sie darauf, dass diese Aufgabe mit den Bezugserzieher*innen durchgeführt wird. Die ausgefüllte Blume dient auch als Grundlage für das Gespräch mit den Eltern. Begleiten Sie die Kinder beim Anmalen und laden Sie sie ein, ihre Stärken, Talente und Fähigkeiten festzuhalten. In der Vorlage (S. 121) finden Sie zusätzlich Beispielfragen, die den Kindern bei der Selbsteinschätzung helfen. Besprechen Sie auch, wo das jeweilige Kind noch Unterstützung braucht.

2. **Selbsteinschätzungsinstrument *„Blume der Schulbereitschaft für Kinder"*:**
   Lassen Sie die Kinder die Vorlage (S. 121) fünf bis sechs Monate später erneut anmalen. Nehmen Sie sich dafür wieder in Einzelarbeit Zeit. Vergleichen Sie diese Blume mit der ersten. Sprechen Sie mit dem Kind über die sichtbaren Veränderungen. Setzen Sie neue Bildungsimpulse. Beraten Sie die Eltern dahin gehend.

3. **Kinderinterviews:**
   Bevor die Übergangszeit ganz abgeschlossen wird und die Kinder sich verabschieden, können Sie *Interviews* mit ihnen machen. Idealerweise führen Sie die *„Kinderinterviews am Ende des Kita-Jahres"* (S. 122) einzeln durch. Leider ist das manchmal vom Personaleinsatz her nicht möglich. Ist dies der Fall, kann auch eine Kinderkonferenz durchgeführt werden. Hier soll dann jedes Kind bei jedem Thema zu Wort kommen. Dokumentieren Sie die Ergebnisse und integrieren Sie diese in Ihre Gesamtauswertung.

BLUME DER SCHULBEREITSCHAFT FÜR KINDER – BEISPIELFRAGEN

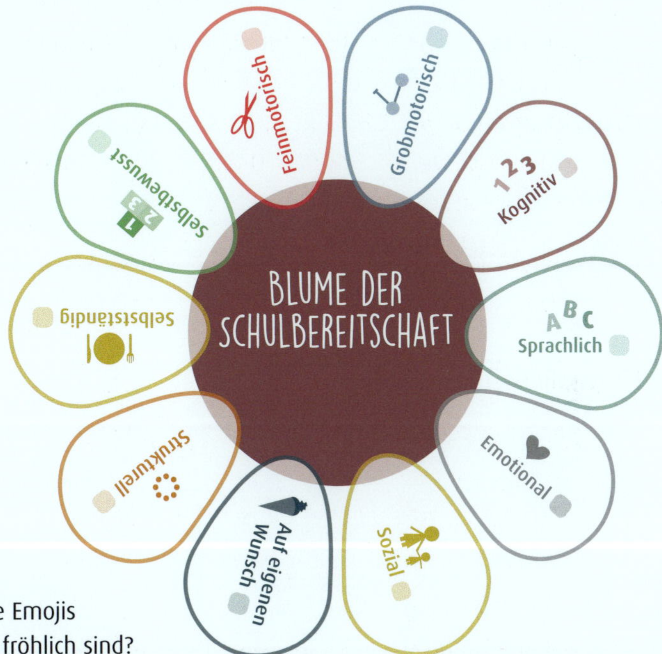

Emotionale Kompetenzen:

- Kannst du erkennen, ob die Emojis auf der Blume traurig oder fröhlich sind?
- Kannst du das auch bei anderen Kindern im Gesicht erkennen?
- Kannst du dich beruhigen, wenn dich jemand geärgert hat?

Soziale Kompetenzen:

- Hast du Freunde oder Freundinnen?
- Hilfst du deinen Freund*innen?

Feinmotorische Kompetenzen:

- Wie kannst du schon den Stift halten?
- Wie kannst du mit der Schere schneiden?

Grobmotorische Kompetenzen:

- Kannst du balancieren, einbeinig stehen und hüpfen?
- Kannst du einen Ball fangen?

Sprachkompetenzen:

- Kannst du mir erzählen, was du heute alles erlebt hast?
- Was machst du am liebsten, wenn du nach Hause kommst?

Kognitive Entwicklung:

- Kannst du deinen Namen lesen und schreiben?
- Möchtest du dich mal zeichnen?
- Was kannst du in der Bauecke besonders gut bauen?

Fähigkeit, Strukturen zu erfassen:

- Was machst du morgens jeden Tag gleich nach dem Aufstehen?

Selbstständigkeit:

- Kennst du den Weg nach Hause?

Selbstbewusstsein:

- Gehst du mal kurze Wege, z. B. zu Freund*innen, allein?

Eigener Wunsch des Kindes:

- Wie ist es bei dir mit der Schule? Freust du dich schon darauf?

KINDERINTERVIEW AM ENDE DES KITA-JAHRES

Mein Name: .... Datum: ....

Bezugserzieher*in: ....

- Wie war dein letztes Kita-Jahr?

....

....

- Was hat dir besonders gut gefallen?

....

....

- Gibt es noch etwas, was du über die Schule wissen möchtest?

....

....

- Was war dein Lieblingsspiel im letzten Kita-Jahr?

....

....

- Wie waren die Bücher und Spiele in der Kita?

....

....

- Hat dir die Projektarbeit Spaß gemacht?

....

....

- Wo brauchst du noch Unterstützung?

....

....

- Worauf freust du dich in der Schule?

....

....

- Was waren deine besonderen Erlebnisse im letzten Kita-Jahr?

....

....

ELTERN EINBEZIEHEN

Die Eltern von Übergangskindern spielen eine sehr bedeutende Rolle im Übergang ihrer Kinder. Sie können Ihnen im Rahmen einer gelingenden Erziehungspartnerschaft wertvolle Informationen jeweils am Anfang des Kita-Jahres sowie am Ende des Kita-Jahres geben.

Die nachfolgenden Kopiervorlagen für die *„Elternumfragen"* (S. 124–125) können Ihnen als Anregung dienen, um das Feedback der Eltern einzubeziehen. Die Umfragebögen sollten in jedem Fall freiwillig und anonym ausgefüllt werden. Lassen Sie die Eltern ihre ausgefüllten Bögen in einen Briefkasten werfen. Werten Sie diese am Anfang und auch am Ende des Kita-Jahres aus. Die daraus gewonnenen Informationen können für den nächsten Durchgang in Ihre Kooperationsbausteine aufgenommen werden.

Auswertung der Fragebögen

Tragen Sie bei jeder Frage alle Rückmeldungen der Eltern zusammen.
Reflektieren Sie im Team die Rückmeldungen der Eltern.
Nehmen Sie die Rückmeldungen zum Anlass, neue Maßnahmen im Bereich Elternarbeit zu entwickeln. Prüfen Sie die Anliegen der Eltern und versuchen Sie dabei, sie objektiv zu betrachten. Tragen Sie zusammen, welche Rückmeldungen und Maßnahmen die Bezugserzieher*innen, das Kita-Team, die Kita-Leitung oder andere Institutionen betreffen. Somit können Sie die Maßnahmen ganz genau festlegen. Wenn viele Maßnahmen festgelegt werden, ist es empfehlenswert, eine Priorisierung vorzunehmen. Gehen Sie mit dem Team Schritt für Schritt die Maßnahmen durch.

Impulsfragen:

- Betrifft das Thema die Bezugserzieher*innen?
- Welche Maßnahmen können Bezugserzieher*innen umsetzen?

ELTERNUMFRAGE AM ANFANG DES KITA-JAHRES

- Haben Sie bereits ein Kind im Übergang von der Kita in die Grundschule begleitet?

....

....

....

- Welche Elternveranstaltungen oder Elterngespräche wären im Übergang für Sie hilfreich?

....

....

....

- Fühlen Sie sich gut auf die Übergangszeit vorbereitet?

....

....

....

- Was benötigen Sie für die Begleitung Ihres Kindes im letzten Kita-Jahr?

....

....

....

- Was ist für Sie in der Übergangszeit wichtig?

....

....

....

- Was braucht Ihr Kind im Übergang?

....

....

....

ELTERNUMFRAGE AM ENDE DES KITA-JAHRES

- Wie haben Sie das letzte Kita-Jahr erlebt?

....

....

....

- Welche Elternveranstaltungen oder Elterngespräche waren für Sie hilfreich?

....

....

....

- Wie haben Sie die Vorbereitung auf die Schule wahrgenommen?

....

....

....

- Wie haben Sie Ihr Kind in der Übergangszeit erlebt?

....

....

....

- Gab es positive Entwicklungen?

....

....

....

- Hat Ihnen im letzten Kita-Jahr etwas gefehlt?

....

....

....

AUF DEN PUNKT GEBRACHT

Learnings aus der Kooperationsarbeit

Gelingendes sehen, aussprechen und weiterentwickeln:

- Fokus auf das Gelingende richten
- Gelingendes in Teambox „Stark im Übergang – Das ist uns/mir gelungen!“ festhalten, am Ende des Kita-Jahres vorlesen und auswerten

Auswertung im Kita-Team – Themen für die Weiterentwicklung der Übergangsbegleitung und Kooperationsarbeit klären:

- Einrichtung
- pädagogische Arbeit
- Team/Personal
- Übergangskinder
- Erziehungspartnerschaft im Übergang
- Kooperation mit der Grundschule und Schulsozialarbeit
- Kooperation mit der Ganztagsbetreuung
- Kooperationen mit weiteren Akteur*innen
- Partizipation der Fachkräfte, Kinder und Eltern

Austausch mit der Grundschule:

- nach Teamauswertung zum Austausch Grundschule einladen
- gemeinsam reflektieren
- Anpassungen vornehmen
- Aufgaben klären und in die Jahresplanung gehen
- zu beachten: Grundschulen haben andere Strukturen und gesetzliche Vorgaben als Kitas

Kinder zu Wort kommen lassen – Instrumente für die Beteiligung:

- *„Blume der Schulbereitschaft für Kinder“* (S. 121)
- *„Kinderinterview am Ende des Kita-Jahres“* (S. 122)

Eltern einbeziehen – Instrumente der Beteiligung der Eltern:

- *„Elternumfrage am Anfang des Kita-Jahres“* (S. 124)
- *„Elternumfrage am Ende des Kita-Jahres“* (S. 125)

LITERATURVERZEICHNIS UND MEDIENTIPPS

Literatur

Griebel, W. & Niesel, R. (2020)
Übergänge verstehen und begleiten:
Transitionen in der Bildungslaufbahn von Kindern, 6. Auflage,
Berlin: Cornelsen Verlag.

Hubrig, S. (2020)
Den Übergang von der Kita zur Schule begleiten,
Mülheim an der Ruhr: Verlag an der Ruhr.

Schaffer, L. K. (2019)
Wir gehen zur Schule! Von Kenia bis Amerika, 6. Auflage,
Hildesheim: Gerstenberg Verlag.

Medientipps

bmbf.de: Auf der Website des Bundesministeriums für Bildung und Forschung lassen sich Informationen über die Bildungspolitik und Förderprojekte des Bundes finden.

bildungsserver.de: Der Deutsche Bildungsserver ist ein Gemeinschaftsservice von Bund und Ländern und Wegweiser zur Bildung.

familienhandbuch.de: Hier finden sich aktuelle Themen von Eltern in jeder Entwicklungsphase und Lebenslage ihrer Kinder.

internet-abc.de: In dem Online-Lexikon findet sich Wissenswertes rund um das Thema „digitale Medien und Internet“ für Kinder, Eltern und Lehrkräfte.

Weitere Informationen zum Thema „Übergang“
auf Websites der jeweiligen Bundesländer:

- Kultusministerium
- Unfallkassen
- Polizeibehörden, Thema „Sicherer Schulweg“
- Natur- und Umweltschutzbehörden oder Organisationen
- Vereine

Über die Autorin

Anna Neef ist staatlich geprüfte Fachwirtin im Sozialwesen, staatlich anerkannte Erzieherin, Musikgarten-Lehrerin und Autorin. Sie arbeitete als Erzieherin, Einrichtungsleitung und Fachberatung für ein Kinderbildungszentrum. Sie leitete mehrere Jahre lang verschiedene Kindertageseinrichtungen und setze sich mit der Übergangsbegleitung sowohl beruflich als auch privat auseinander.

Anna Neef hat zahlreiche Publikationen veröffentlicht. Schwerpunkte ihrer Tätigkeit als Autorin sind: Bildungsthemen, Praxisideen und Projekte in den Bereichen Krippe und Kita sowie Sprachbildung. Auch in verschiedenen Fachbüchern für Kitas wirkt sie als Autorin mit und verfasst Fingerspiele, Fantasiereisen, Rituale und Bildungseinheiten für Kita-Kinder.